# Yoga über 40

# GesundheitsRatgeber

Kareen Zebroff · Klaus Haak (Hrsg.)

# Yoga über 40

FALKEN

# Inhalt

# Vorwort

Als Kareen Zebroff am 18. August 1973 zum ersten Mal eine Yogaübung im ZDF-Sportstudio vorführte und Moderator Harry Valerien das Fernsehpublikum fragte, ob es so etwas öfter sehen wolle, da löste er mit dieser Frage eine Zuschauerreaktion aus, wie sie die ZDF-Sportredaktion noch nie erlebt hatte. „Wir müssen einen rohen Nerv getroffen haben", sagte der damalige Sportchef Hans Joachim Friedrichs später dem Spiegel, dem Kareen Zebroffs Erfolg eine Titelstory wert war.
Heute kaum glaubliche zwei Jahre lang, konnte Kareen Zebroff ihr Yoga zum Mitmachen im Fernsehen zeigen, das FALKEN Buch zur Sendung wurde ein Bestseller. Kareen Zebroff hatte Yoga von seinem Außenseiter-Image als Anleitung zu exotischen Verrenkungen befreit und als attraktiven Weg zur Gesundheit auch in Deutschland bekannt gemacht.
1997 – vierundzwanzig Jahre später – gilt manchen Yoga schon wieder als leicht angestaubt. Aerobics, Callanetics – alle möglichen Fitness- und Wellnessprogramme lösen sich so schnell ab wie Modefarben und Superdiäten. Da mag es schwer sein, Yoga mit diesem Buch und der Fernsehserie der BREMER GESUNDHEITSWERKSTATT mit Kareen Zebroff noch einmal den Platz zu verschaffen, der ihm unter den zahlreichen Angeboten zur Gesunderhaltung heute erst recht zukäme.

Wollen wir die Verantwortung für unsere Gesundheit in Zukunft selbst tragen, bleibt nur ein Weg: Wir müssen endlich den „Arzt in uns", den „inneren Heiler", wie die Amerikaner sagen, entdecken. Je mehr aus dem Nachmachen der Anleitung *meine* Übungen werden, desto schärfer zeichnet sich das Bild meines inneren Arztes ab, desto größer wird mein Vertrauen in seine Heilkraft und Weisheit. Menschen über 40 machen dabei nicht andere, „leichtere" Yogaübungen als Jüngere, sie spüren als Lebenserfahrenere bei bestimmten Übungen nur deutlicher deren Heilwirkung. Indem Sie sich selbst und Ihren inneren Arzt besser kennenlernen, verhindern Sie, dass aus Ihren Alltagsbeschwerden Krankheiten werden.
So sehr ich Rückenschulen, Schmerzbewältigungskurse, Entspannungsmethoden und Massagewirkungen schätze, kenne ich doch keinen besseren „ganzheitlicheren", also Körper, Seele und Geist gleichermaßen beschäftigenden Weg als Yoga, wenn es darum geht, den Arzt in uns stark zu machen. Und das haben wir nicht nur bitter nötig, es ist zugleich ein Weg zu erfüllterem Selbstsein.
Wofür mir die Kareen Zebroff von 1997 ein ebenso schönes Beispiel ist wie schon 1973, bei ihrem ersten Yogaauftritt in Deutschland.

Klaus Haak
Bremer Gesundheitswerkstatt

# Einleitung

Yoga ist für jeden, in jedem Alter und in jeder körperlichen Verfassung geeignet. Nachdem ich über 18 Jahre lang Yoga unterrichtet hatte, in Kursen und im Fernsehen, habe ich dies „am eigenen Leib" zu spüren bekommen. Ich war gerade 40 geworden, als ich mir meine Hals- und Lendenwirbel bei einem Unfall schwer verletzte. Es passierte, als ich mit den Füßen eingehakt kopfüber an einer Stange hing, die im Türrahmen angebracht war. Genau in dem Moment, als ich mich wieder hochschwingen wollte, riss die Stange aus ihrer Verankerung, und ich fiel aus über einem Meter Höhe mit gekrümmtem Rücken auf den Boden. Mein Arzt meinte später, ich hätte trotz allem sehr viel Glück gehabt, dass durch den Sturz keine Lähmung zurückgeblieben sei. Nach Jahren „unverschämt" guter Gesundheit und Beweglichkeit muss ich nun zum ersten Mal erleben, was es heißt, sich nicht richtig bewegen zu können und chronische Schmerzen zu haben. Ich entdeckte, in welchem Maße sich das auf das gesamte Leben auswirkt und wie zermürbend es ist, wie es einem förmlich den „Spaß am Leben" nehmen kann. In dieser Zeit habe ich auch meine Yogaübungen vernachlässigt, bis ich zu meiner Bestürzung bemerkte, wie steif ich seit meinem Unfall geworden war. Da begann ich wieder – anfangs sehr vorsichtig – mit meinen Übungen. Yoga hat mir bei meiner Genesung und Rehabilitation unschätzbare Dienste geleistet – viel mehr, als jede andere Therapie dies wahrscheinlich vermocht hätte. Zwar sind zwei meiner Bandscheiben im Lendenbereich heute fast vollkommen abgenutzt und mehrere Chiropraktiker, die ich im Laufe der Jahre aufgesucht habe, können nicht begreifen, warum ich keine größeren Schmerzen habe. Ich weiß jedoch, dass ich dies den heilenden Kräften des sanften Yoga zu verdanken habe. Manchmal, vor allem am Anfang, machte ich kaum Fortschritte, es war frustrierend und nicht immer leicht. Aber ich habe durchgehalten, und bin dadurch heute wieder fast „die Alte". Yoga gab mir meine Gesundheit, meinen inneren Frieden und meine Lebensfreude zurück.

Kareen Zebroff

# Fit und gesund mit Yoga

# Warum Hatha-Yoga für die über Vierzigjährigen wieder attraktiv ist

Als ich in den sechziger Jahren begann über Yoga zu schreiben, wurde unsere kleine Gründungsgruppe von Hatha-Yoga-Lehrern ins Rathaus von Vancouver, das damals etwa eine Million Einwohner zählte, zitiert. Fundamentalistische, religiöse Vereinigungen befürchteten, wir würden das Werk des Teufels verbreiten und die Mitglieder der Stadtverwaltung fühlten sich verpflichtet, uns ausführlich darüber zu befragen, ob Yoga eine Religion sei. Wir konnten sie davon überzeugen, dass Yoga alles andere als eine Religion ist, sondern eher eine Kunst, eine Wissenschaft, eine Philosophie, die seit 2000 Jahren in schriftlicher Form existiert und augenscheinlich den Test der Zeit bestanden hat. Yoga, erklärten wir den Stadtvätern, kann das physische, mentale und spirituelle Leben eines Menschen verbessern, egal welcher Religion er angehört. Wir stellten ihnen die acht Grundsätze des Yogas (siehe Seite 10) vor, die sich mit den christlichen ethischen Werten hundertprozentig decken. Wir teilten ihnen mit, dass Meditation ebenfalls unabhängig von der Religionszugehörigkeit ausgeübt werden könne und einfach nur die Aufmerksamkeit nach innen lenken solle. Wir erhielten eine Lehrerlaubnis – zwar nicht für die regulären Schulen, aber zumindest für Abendunterricht in der Volkshochschule. Es dauerte allerdings noch einige Jahre, bevor die Leute aufhörten, Yoga als „Jo-Jo" oder sogar „Joghurt" zu bezeichnen.

Das Wort „Yoga" entstammt aus der indischen Gelehrtensprache Sanskrit und bedeutet ursprünglich soviel wie „Anschirren" (von Zugtieren), Einspannen unter das Joch. Im übertragenen Sinne meint es aber Vereinigung, da das Joch Zugtiere in ihrer Aufgabe vereint.

Das Wort Hatha bedeutet wörtlich übersetzt „Sonne-Mond" und bezieht sich auf diametral entgegengesetzte Dinge wie Geist und Materie, Yin und Yang, männlich und weiblich, heiß und kalt, Nacht und Tag, rechts und links, bekannt und unbekannt, Körper und Geist und so weiter.

Von den sechs Yogaarten haben fünf meditativen Charakter und nur Hatha-Yoga befasst sich mit dem Körper. Ziel dabei ist, durch Ausübung von Yoga Körper, Geist und Seele in Einklang zu bringen, so dass man ein Optimum an geistiger, spiritueller und körperlicher Gesundheit erreicht und sich innerer Frieden einstellt.

**Ziel des Hatha-Yogas ist es, Körper, Geist und Seele in Einklang zu bringen**

Zu diesem Ziel gelangt man, wie der Weise Patanjali, der etwa zwei Jahrhunderte vor Christus lebte schreibt, über einen achtstufigen Pfad. Die acht Sutras (Aphorismen oder Lebensideale) fassen hervorragend zusammen, worum es bei Yoga geht. Neben den Asanas (Übungen) ist das Pranayama (Atemkontrolle) die zweite wichtige Komponente des Hatha-

Die acht Grundsätze des Yogas decken sich hundertprozentig mit den christlichen ethischen Werten

Yogas. Abgesehen von den Vorteilen, die Atemübungen mit sich bringen, ist der Atem ein unverzichtbares Hilfsmittel, um in die Übungen hinein- und hinauszuführen. Die Atmung hilft einem dabei, sich weich in die Stellungen hineinzudehnen und -zustrecken, vereinfacht das Halten einer Stellung und unterstützt die Entspannung nach den Übungen.
Die acht Yoga-Sutras sind:
**1.** Fünf moralische Grundsätze (Der Dienst am Du):
- niemandem Schaden zufügen
- nicht lügen
- nicht stehlen
- keusch sein
- nicht (be)gierig sein

**2.** Fünf Grundsätze für die eigene Person (Ichfindung):
- Reinheit
- Zufriedenheit
- Selbstdisziplin
- Selbststudium und Schriftstudium
- Hingabe an Gott

**3.** Gewissenhafte Ausübung der Yoga-Asanas
**4.** Sorgfältige Atemkontrolle (Pranayama)
**5.** Introversion der Sinnesenergie (Entdeckung des Inneren)
**6.** Geistige Konzentration (Vorläufer zur Meditation)
**7.** Meditation
**8.** Glückseliges Aufgehen im Göttlichen

Yoga – ob nun körperlich oder meditativ angewendet – erfreute sich in den Siebzigern und Anfang der Achtziger großer Beliebtheit. In den neunziger Jahren genügte Yoga mit seinen langsamen Bewegungen offenbar nicht mehr. Die „neuen Jungen“ verlangten nach aktiveren Übungen und praktizierten lieber solche Sportarten wie Joggen, Laufen, Step-Aerobic und Aerobic mit dem ganzen Enthusiasmus kraftstrotzender Jugend. Hausfrauen wurden ermahnt „ihre Pfunde abzutrainieren“. Unzählige Aerobic-Videos wurden überall angeboten und jeder wollte plötzlich an Marathonläufen teilnehmen. Frauen und Männer im mittleren Alter merkten, dass diese Sportarten ihnen schmerzende Muskeln, gerissene Bänder, überdehnte Sehnen und kaputte Knie bescherten. Diejenigen, die sich über ihren zunehmenden Hüftumfang Gedanken machten, versuchten zwar mitzuhalten, hatten es aber bald satt, bei Regenwetter, Schnee und Hagel zu joggen.
„Schlimme Rücken“ machten sich breit, da niemand mehr Lust hatte neben jüngeren, herumwirbelnden und hüpfenden Körpern Sport zu treiben.
Neue Forschungsergebnisse belegten, dass Gehen fast ebenso viel bringt wie Laufen und dass Sport nicht bis an die Grenze der Leistungsfähigkeit betrieben werden muss, um effektiv zu sein. Erleichtert gaben die Leute mittleren Alters die schweißtreibenden anstrengenden Sportarten wieder auf. Plötzlich fanden sie es viel besser mal abzuschalten und sich den fließenden, weichen Bewegungen der Yoga-Übungen sowie den Atem- und Entspannungsübungen hinzugeben. Heute sind Dehnungsübungen wieder ange-

sagt, um Muskeln zu kräftigen und zu stärken, innere Organe zu massieren und zu stimulieren, um so zu einem besseren Allgemeinbefinden und einer effizienteren Funktion des Stoffwechsels beizutragen sowie zu innerem Frieden zu finden.
Und warum aber wurde diese 180°-Wendung hin zum Yoga vollzogen? Weil diese maßvolle Art von Sport so leicht ist, dass selbst für diejenigen, die ihre Jugend bereits hinter sich haben, keinerlei Verletzungsgefahr besteht, wenn sie Yoga machen. Zudem wird in erster Linie körperliche und geistige Gesundheit angestrebt und nicht die Ausbildung von dicken Bizeps oder Trizeps. Und schließlich, weil Yoga lehrt wie man höchste Konzentration erreichen und gleichzeitig dem Geist Ruhe gönnen, sich entspannen und Stress abbauen kann.
Yoga funktioniert bei jedem, egal wie alt oder in welcher körperlichen Verfassung er/sie ist. Es ist unerheblich, ob man beweglich oder steif ist, schlaff und rundlich ist oder trainierte Muskeln besitzt, ob man groß oder klein, gesellig oder unsicher ist. Was zählt ist ganz allein, dass man seinen Körper, den man jahrelang vernachlässigt hat, wieder auf Vordermann bringt.
Dieser sanfte Sport ist für Körper und Geist ein ungeheurer Gewinn, so dass man schließlich sein Leben richtig genießen kann. Und um welche positiven Auswirkungen handet es sich nun konkret?

**Yoga**

- sorgt für die nötige Bewegung, das heißt Verspannungen werden „weggedehnt“
- verhilft zu einem beweglichen und fitten Körper
- regt den Stoffwechsel im gesamten Körper an
- stärkt Muskeln, Bänder und Sehnen, beugt damit Haltungsschäden und chronischen Schmerzen vor
- verzögert das Erschlaffen der Haut und beugt einer Fältchenbildung vor
- verbessert die Blutzirkulation
- stärkt die Lungenfunktion durch eine höhere Atemkapazität – der Körper wird vermehrt mit Sauerstoff versorgt
- stimuliert das Immunsystem und beugt damit Infektionen vor
- hilft medizinischen Eingriffen vorzubeugen wie zum Beispiel Operationen von Hüfte und Krampfadern
- fördert die Verdauung
- hilft Stress abzubauen beziehungsweise die eigene Reaktion auf Stressfaktoren zu kontrollieren
- beugt Krankheiten vor, die mit anhaltendem Stress in Verbindung gebracht werden
- beruhigt die Nerven, wodurch man inneren Frieden findet
- verhilft zu einem erholsamen Schlaf
- verbessert die Konzentrationsfähigkeit und trainiert das Gedächtnis
- lehrt Disziplin und stärkt die Willenskraft
- verbessert das allgemeine Wohlbefinden und verhilft zu neuer Energie und Lebensfreude
- verbessert die geistige, körperliche und seelische Gesundheit

**Yoga wirkt ganzheitlich – die positiven Auswirkungen betreffen Körper, Seele und Geist gleichermaßen**

# Meditation leicht gemacht

**Auch eine ungeliebte Tätigkeit kann Spaß machen, wenn man sich ihr voll und ganz widmet**

Die glücklichsten Menschen sind diejenigen, die das, was sie tun, gerne tun. Ihre Arbeit ist ihre Leidenschaft, sie betrachten sie als etwas Erfreuliches. Im meditativen Sinn bedeutet „erfreulich", sich voller „Hingabe auf etwas zu konzentrieren". Umgekehrt betrachtet bedeutet es, dass man sich voller Hingabe einer ungeliebten Aufgabe widmen muss, damit sie einem Spaß macht. Wenn man also schon jeden Tag Geschirr abwaschen muss – warum sollte man dann die Tätigkeit nicht einmal als etwas Erfreuliches empfinden, zum Beispiel indem man über die Muster und die glatte Oberfläche der Teller, über die Seifenblasen und den Glanz des Bestecks nachsinnt, statt sich unter Stress zu setzen, weil jede einzelne Sekunde „voller Widerwillen" ist?

Eine Aufgabe annehmen und sich ihr von ganzem Herzen widmen – darum geht es auch bei der Meditation. Meditation braucht Zeit und Übung, seien Sie anfangs geduldig mit sich selbst, auch wenn es nicht auf Anhieb klappt. Es ist nicht schwierig und es ist auch nichts Geheimnisvolles an der Meditation. Der Weg zu Zufriedenheit und Erfüllung führt über drei verschiedene Etappen: Konzentration, Kontemplation und schließlich Meditation. Das Wort „Meditation" lässt sich nicht leicht definieren, es wird für viele Techniken verwendet, die jedoch alle auf das gleiche Ziel hinarbeiten, auf die Selbstverwirklichung.

Die Yogis glauben, dass der Mensch fünf „Körper" oder Energiefelder besitzt. Diese Energiefelder kann man sich bildlich als übereinanderliegende Hüllen vorstellen. Die äußerste Schicht ist materiell und sichtbar. Die zweite ist die Hülle des lebenswichtigen Geistkörpers. Sie besteht aus Lebenskraft oder Energie (prana), die uns in unsichtbaren Kanälen oder Meridianen durchfließt. Durch Atemkontrolle (Pranayama) können wir Zugang zu diesem Geistkörper gewinnen. Die dritte Hülle umgibt den intellektuellen Körper und setzt sich aus unseren Gefühlen, Gedanken und unserem Wissen zusammen. Die vierte Hülle umschließt die höheren Gedanken. Die fünfte ist die Hülle um den Ort der vollständigen Hingabe, wo Freude, Glück und innerer Frieden wohnen. Ein Ungleichgewicht auf den drei unteren Ebenen kann zu Krankheiten führen. Yoga versucht diese Energiefelder auszubalancieren, so dass die positive Energie der höheren Ebenen ungehindert fließen kann.

Yogaübungen und die Anfängertechniken der Meditation – Konzentration und Kontemplation – helfen dabei, unsere fünf „Körper" in Einklang zu bringen.

Den Menschen fällt es heute aber zunehmend schwer sich auf eine Aufgabe zu konzentrieren und sich einer Sache voll und ganz zu widmen.

Wir machen uns mehr und mehr Gedanken über Geld, Gesundheit,

Umweltverschmutzung und Leistungsdruck – diese Liste ließe sich beliebig fortsetzen. Anstatt sich auf sich selbst zu besinnen und in sich neue Kraft zu schöpfen, suchen viele nach permanenter Ablenkung zum Beispiel durch Fernsehen, hektische Freizeitaktivität oder schlimmstenfalls durch Drogen. Wir haben fast verlernt uns zu konzentrieren, Entscheidungen zu treffen oder Probleme zu lösen. Irgendwann wird sich aber jeder der Rastlosigkeit und Leere bewusst und sehnt sich nach Ausgeglichenheit und innerer Ruhe.

Sich auf einen bestimmten Gegenstand, eine Orange, ein Wort oder einen Satz zu konzentrieren, kann Ihnen helfen, dieses ruhige, ausgeglichene Zentrum im Inneren zu finden. Wählen Sie die Methode, die bei Ihnen am besten funktioniert, konzentrieren Sie sich dann auf Ihr meditatives Medium und versenken Sie sich darin. Ein gutes Beispiel für das, was Sie zu erreichen suchen, ist der spiegelglatte Waldsee. Sie können sich darin deutlich erkennen. Doch jede noch so kleine Störung von außen – eine leichte Brise oder ein Insekt, das über die Wasseroberfläche gleitet – lässt Ihr Spiegelbild verzerrt erscheinen.

So ist es auch bei der Meditation. Versuchen Sie deshalb, alle unwesentlichen Dinge aus Ihrem Kopf zu verbannen, indem Sie sich ausschließlich auf *ein* Objekt konzentrieren. Nehmen wir einmal an, dies sei eine Orange. Denken Sie an alles, was mit Orangen zu tun hat. Beschäftigen Sie sich mit dem Orangenbaum, seinem Wachstum, den Orangenblüten, ja selbst mit dem Verkauf von Orangen – aber lassen Sie Ihre Gedanken nicht abschweifen! Denken Sie erschöpfend über dieses Thema nach und Sie werden feststellen, dass sich der ersehnte Frieden und die Ruhe plötzlich von ganz allein einstellen.

Versuchen Sie aber nicht mit Gewalt, sich auf die Orange zu konzentrieren. Seien Sie nachsichtig mit sich selbst. Lächeln Sie, wenn Sie entdecken, dass Ihre Gedanken abschweifen. Verschwenden Sie niemals Energie damit, sich selbst zu tadeln, wenn Ihre Gedanken von einem Thema abwandern, wie es zu Anfang sicherlich der Fall sein wird. Erinnern Sie sich einfach daran, dass Sie wieder auf das ursprüngliche Thema zurückzukommen wollen und wiederholen Sie Ihr Mantra (eine geheimnisvolle Silbe, ein Wort, ein Satz oder ein heiliges Wort für Gott) noch einmal.

Bei mir funktionieren die Sätze „Gott ist Liebe", „Gott ist Licht", „Ich bin unsterblich" oder das berühmte, geheimnisvolle „Om" am besten. Ich verbinde sie zu einer Melodie, die ich freudig vor mich hinsumme. Während ich diese Worte intoniere, stelle ich mir vor, wie die Liebe und das Licht größer werden, sich ausdehnen, mein Herz, mein ganzes Wesen, das Zimmer, das Haus, die Straße, die Stadt, das Land, den Kontinent, die Erde, das Universum ausfüllen und uns alle umfassen.

**Konzentrieren Sie sich nicht gewaltsam auf ein Thema – seien Sie nachsichtig mit sich, wenn Ihre Gedanken abschweifen**

# Yoga kann jeder – unabhängig vom Körpertyp

**Yoga fördert in erster Linie die Gesundheit – es geht nicht darum, schwierige Übungen perfekt auszuführen**

Natürlich gibt es auch im Yoga verschiedene Übungen, die zu anstrengend sind für Leute im mittleren Alter, die jahrelang keinen Sport getrieben haben.
Also kann es passieren, dass – auch wenn man innerhalb des Rahmens, der durch die körperliche Veranlagung vorgegeben ist durch Yoga große Fortschritte erzielen kann – man nie imstande sein wird, den Kopf nach vorn bis zum Knie zu beugen oder bei einer Rückwärtsbeuge mit den Zehenspitzen den Kopf zu berühren, einfach weil der Körperbau dies nicht zulässt. Nebenbei bemerkt gibt es auch viele Yogalehrer, die dies nicht können und auch nie gekonnt haben, entweder aufgrund der Beschränkungen, die ihnen ihr Körperbau auferlegt oder wegen Verletzungen, die sie sich einmal zugezogen haben. Letzteres war übrigens für viele ein Grund, überhaupt mit Yoga anzufangen.
Es geht beim Yoga aber nicht darum, schwierige Übungen wie extreme Rumpfbeugen nach vorn oder hinten perfekt zu beherrschen. Yoga erhält und fördert in erster Linie Ihre Gesundheit – und das ist das Beste, was Sie erreichen können.
Treten Sie bei Ihren Übungen nie in einen Wettbewerb mit anderen und messen Sie sich auch nicht an Ihren eigenen bereits erzielten Fortschritten (man hat an zwei Tagen nie die gleiche Kondition).
Mit anderen Worten: es ist nicht wichtig, wie weit Sie sich zu einem bestimmten Zeitpunkt dehnen oder hinabbeugen können, sondern dass Sie nur so weit gehen, wie Ihr Körper dies gerade zulässt, ohne sich zu überanstrengen (das heißt, nur bis zu einem bestimmten Grad des Unbehagens) und diese Stellung dann halten, wobei diese Phase nach und nach verlängert wird.
In diesem Buch berücksichtige ich bei meinen Übungen Ihr Alter und die Einschränkungen, die Ihnen Ihr Körperbau auferlegt. Zu oft habe ich schon beobachten müssen, dass jemand deprimiert war oder sich schämte, weil er die Übungen nicht so gut durchführen konnte wie andere. Schuld an diesen negativen Gefühlen ist meist nicht eine ausgeprägte Eitelkeit, sondern das Fehlen eines individuellen Körperbewusstseins. Ich möchte nicht, dass es Ihnen genauso ergeht.
Menschen vom ektomorphen Typ zum Beispiel sind längst nicht so beweglich wie solche mit einem mesomorphen Körperbau.
Ich möchte nun kurz auf die drei Körpertypen des Menschen eingehen. Entscheiden Sie selbst, welcher am ehesten auf Sie zutrifft:

**1.** Der **endomorphe** (pyknische) **Typ** – wie Marilyn Monroe und Elizabeth Taylor – tendiert zu ausladenden Kurven. Die Frauen haben eine zierliche Taille und selbst die Männer sind weich und rundlich. Arme und Beine sind kurz, die inneren Organe groß; der Körper ist nicht sonderlich beweglich und die Muskeln sind schwach. Es heißt, dieser Typ sei gesellig, bequem, tolerant, benötige viel Zärtlichkeit und liebe gutes Essen und Trinken.

**2.** Der **mesomorphe** (athletische) **Typ** – zu dem ich gehöre – hat breite Schultern und schlanke Hüften. Er/sie hat einen eckigen Körperbau, eine gut ausgebildete Muskulatur und lange Knochen. Beweglichkeit und Koordinationsfähigkeit sind hier am besten von allen drei Typen ausgebildet – dieser Typus stolpert oder fällt selten und bricht sich auch so gut wie nie etwas (auch ich habe mir noch nie etwas gebrochen). Es heißt, dieser Typ sei selbstbewusst, vital und häufig ziemlich laut; ein Mesomorph ist abenteuerlustig und körperlich sehr aktiv.

**3.** Der **ektomorphe** (leptosome) **Typ** ist – wie die meisten „Models" – groß und von Natur aus schlank, hat einen feingliedrigen Knochenbau und nur wenig ausgeprägte Muskeln. Die Beweglichkeit von Bändern, Muskeln und Sehnen ist hier von allen Typen am wenigsten ausgeprägt. Es heißt, die Privatsphäre sei diesem Typ heilig, und er reagiere manchmal übersensibel.

Ich stelle hier diese unterschiedlichen Körpertypen vor, weil bei den meisten Menschen ein bestimmter Typ vorherrscht – auch wenn niemand hundertprozentig einem dieser Typen zugeordnet werden kann. Dies bedeutet, dass jeder mit gewissen körperlichen Voraussetzungen geboren wird, an denen er nichts ändern kann! Manche Menschen können sich beim Brustexpander vorbeugen und mit beiden Händen den Boden berühren, aber nicht nur weil sie so beweglich sind, sondern auch weil sie außerordentlich lange Arme haben. Manche Leute haben einen langen Oberkörper und einen kurzen Unterkörper, so dass es ihnen leichter fällt beim Vornüberbeugen den Boden zu berühren. Es ist wichtig für Sie zu wissen, dass Sie nie wie Marilyn Monroe aussehen werden, wenn bei Ihnen der ektomorphe Typ vorherrscht. Woran Sie allerdings arbeiten können ist Ihren Körper lieben zu lernen für das, was er Ihnen ermöglicht.
Durch Yoga lernen Sie Verspannungen durch Dehnen zu beseitigen, die richtigen Atemtechniken anzuwenden, sich zu entspannen und einen schlaffen Körper wieder in Form zu bringen. Mit Yoga können Sie bald so fit und gesund sein, wie es Ihnen und Ihrem Körpertyp möglich ist.

**Durch Yoga können Sie Ihren Körper wieder in Form bringen**

# Ihr Yogaübungsprogramm

# So macht es Spaß und fördert die Gesundheit

Denjenigen, die eventuell Startschwierigkeiten haben, möchte ich ein paar Hinweise geben, damit die Yogaübungen noch mehr Spaß machen:

- Tragen Sie weite, bequeme und hübsche Kleidung – Kleidung, die Ihnen gefällt.
- Üben Sie an einem Ort, der nicht zu kalt und nicht zu warm ist – zum Beispiel an Ihrem Lieblingsplatz in der Wohnung.
- Verwenden Sie als Unterlage für die Übungen eine doppelt gefaltete Decke, wenn Sie keine spezielle Matte haben. Machen Sie die Übungen immer barfuß auf einer rutschfesten Unterlage.
- Warten Sie nach einer leichten Mahlzeit 1–2 Stunden, nach einer schweren 3 Stunden, bevor Sie mit den Übungen beginnen. Der beste Zeitpunkt ist vor dem Mittag- oder Abendessen.
- Wenn Sie sich schnell langweilen versuchen Sie es mit Abwechslung: Machen Sie die Übungen in einer anderen Reihenfolge oder zu einer anderen Tageszeit, probieren Sie es einmal mit Musik, einmal ohne, heute in einem netten Yogadress, morgen im Sweatshirt, alleine oder mit einem guten Freund zusammen. Schon sehr bald werden Sie sich nach der Ruhe einer meditativen Yogaübung sehnen.
- Treten Sie nie in einen Wettstreit. Die Yogaübungen sollen Ihnen Spaß machen und es darf nie das Gefühl aufkommen, Sie müssten „harte Arbeit" verrichten.
- Seien Sie stolz auf sich und Ihre täglichen Fortschritte. Loben Sie sich und Ihre Muskeln, Sehnen, Bänder, Organe, Drüsen, Venen und Arterien für die gute Arbeit, die sie Tag für Tag leisten. Klopfen Sie sich für die disziplinierte Ausübung der Yogaübungen auf die Schulter und zwar wörtlich: mit dem Haltungsgriff.
- Denken Sie daran, sich nie über Ihre Grenzen hinaus zu belasten. Niemand hat an zwei aufeinander folgenden Tagen die gleiche Kondition. Führen Sie jede Übung langsam und gleichmäßig durch. Es ist sinnvoll,
  a) langsam in eine Übung hineinzugehen,
  b) eine Stellung zu halten so lange Sie können (das Geheimnis guten Yogas),
  c) langsam wieder aus der Übung hinauszugehen.
- Halten Sie eine Position nie so lange, dass Sie starke Schmerzen bekommen. Ein gewisses Unbehagen ist noch in Ordnung, Schmerzen aber nicht!
- Machen Sie Yoga aus Selbstzweck, nicht dafür weil Ihr Partner oder Lehrer Sie lobt.
- Vermeiden Sie während der Menstruation umgekehrte Stellungen und strengen Sie sich nicht zu sehr an.

**Nehmen Sie sich für alle Yogaübungen genügend Zeit und erzwingen Sie nichts**

# Wichtige Hinweise zur Ausführung der Yogaübungen

**Machen Sie keine ruckartigen Bewegungen, nur um weiter oder tiefer zu kommen. Gehen Sie so weit Sie können und verharren Sie dort**

## Allgemeines

Richtig ausgeführt stärkt Yoga Ihre Muskeln und macht Ihren ganzen Körper kräftiger und beweglicher. Die Betonung liegt dabei aber auf der *richtigen* Ausführung.

Es ist besser, eine Übung nur zu drei Vierteln, aber korrekt zu machen, als es mit Gewalt zu versuchen und dabei eine Verletzung zu riskieren.

Die folgenden Hinweise gelten für alle Yogaübungen gleichermaßen:

- Sie müssen zwischen Ihren Ohren und Schultern Platz schaffen. Dehnen Sie bewusst den Nacken und senken Sie dabei Ihre Schultern.
- Entspannen Sie bewusst den Kiefer. Halten Sie das Kinn parallel zum Boden.
- Denken Sie daran Ihr Brustbein zu heben, Ihren Brustraum zu öffnen und die Wirbelsäule gerade zu halten.
- Glätten Sie Ihre Stirn.
- Die Augen sollen offen bleiben, aber nicht auf einen bestimmten Punkt gerichtet sein.
- Zentrieren Sie sich. Sehen Sie in sich hinein, spüren Sie Ihren Körper und seien Sie sich ihm ganz bewusst. Hören Sie auf ihn. Lernen Sie von ihm.
- Fühlen Sie, wie während und nach einer Übung das Blut warm durch Ihre Adern fließt.
- Sprechen Sie zu den verschiedenen Körperteilen und ermuntern Sie sie liebevoll, als wären es Kinder.
- Wenn Sie eine Übung zum ersten Mal machen, halten Sie sie, atmen Sie in sie hinein und gewöhnen Sie sich langsam an sie.
- Wenn Sie sich in einer Stellung nicht wohl fühlen oder Sie anfangen gepresst zu atmen, bewegen Sie sich so lange hin und her, bis Sie die richtige Haltung gefunden haben.
- Dehnen Sie sich in eine Stellung hinein, aber entspannen Sie sich sofort, wenn Schmerzen auftreten.
- Machen Sie jede Übung zweimal: das erste Mal um sie auszuprobieren, das zweite Mal um sich stärker zu dehnen und sich etwas besser in sie hineinzufühlen.
- Sie können jederzeit als Hilfsmittel eine Matte, eine Krawatte oder ein Handtuch, eine doppelt gefaltete Decke, Schaumstoffkeile, Kissen oder ein Polster, die Wand, einen Stuhl oder Tisch verwenden.
- Ganz allgemein sollte einer Rückwärtsbeugung eine Vorwärtsbeugung folgen und umgekehrt, damit dem starken Dehnungseffekt der vorangegangenen Übung auf Muskeln, Bänder und Sehnen entgegengewirkt wird.

## Atmung

Von allen Stoffen, die dem Körper zugeführt werden, wird Sauerstoff am dringendsten benötigt. Die Atmung für jede einzelne Körperzelle sowie deren

Funktion ist lebenswichtig und kann auch unsere Stimmungen beeinflussen. Sind wir beispielsweise aufgeregt, können wir uns durch bewusstes Atmen langsam beruhigen. Die richtigen Atemtechniken sollte man mit Hilfe eines Lehrers lernen; die folgenden Hinweise mögen hier zunächst aber als Richtlinien dienen:

- Atmen Sie immer durch die Nase, nie durch den Mund.
- Halten Sie nie den Atem an. Entspannen Sie sich bei der Übung und atmen Sie normal, eventuell ein wenig flacher.
- Konzentrieren Sie sich beim Einatmen auf das Dehnen des Brustkorbs (sodass die Rippen nach außen gedrückt werden), statt die Lungen mit Luft vollzupumpen.
- Versuchen Sie langsam und kräftig, aber ruhig zu atmen, als würden Sie mit Ihrer Nase einen Faden einsaugen.
- Atmen Sie ein, während der Brustkorb sich durch die Übung dehnt (das heißt beim Arme hochstrecken oder beim Beine ausstrecken). Atmen Sie aus, wenn der Brustkorb wieder enger wird (das heißt beim Arme herunternehmen oder Beine anziehen).
- Nehmen Sie Ihren Atem zu Hilfe, um das Hineingleiten in eine Stellung zu erleichtern; dehnen Sie dabei Wirbelsäule und Muskeln.
- Atmen Sie bei einer Rückwärtsbeugung ein, bei einer Vorwärtsbeugung aus. Atmen Sie normal, während Sie eine Stellung halten.
- Beginnen Sie die Bewegung gleichzeitig mit dem Ein- oder Ausatmen und hören Sie mit dem Ende des Atemvorgangs auf.
- Nehmen Sie den Atem zu Hilfe, um sich zu entspannen und weicher in eine Position hineinzukommen.
- Erzwingen Sie nichts, atmen Sie ruhig und gleichmäßig.
- Atmen Sie nicht nur ein oder aus, sondern auch zur Seite; dehnen Sie dabei bewusst den Brustkorb. Lassen Sie sich beim Ein- und Ausatmen Zeit. Halten Sie nach dem Ausatmen ein oder zwei Sekunden lang den Atem an. Wenn Sie Ihren Atem bereits gut unter Kontrolle haben, halten Sie den Atem sowohl nach dem Ein- als auch nach dem Ausatmen kurz und ohne Anstrengung an. Dies bringt Körper und Geist in Einklang, liefert Energie, verleiht Ihnen Kraft und entspannt.

**Konzentrieren Sie sich beim Einatmen ganz auf das Ausdehnen von Brustkorb und Bauch**

## Übungen im Stehen

- Bei allen Übungen im Stehen sollen Ihre Füße ein Quadrat bilden und die Außenkanten sich parallel zueinander befinden (das sieht fast so aus, als würde der große Zeh nach innen zeigen).
- Wenn Sie bei Gleichgewichtsübungen Schwierigkeiten haben und sich Ihre Zehen verzweifelt in den Boden krallen wollen, verlagern Sie Ihr Gewicht auf die Stelle zwischen dem großen und dem zweiten Zeh (richten Sie Ihre Augen auf einen bestimmten Punkt vor Ihnen).
- Das Gleiche gilt für Ihre Hände. Spreizen Sie die Finger und verlagern Sie den Druck auf die Stelle zwischen Zeige- und Mittelfinger.
- Konzentrieren Sie sich bei allen Übungen im Stehen darauf, Ihr

Gewicht auf die Fußballen zu verlagern und spüren Sie bewusst den Punkt, an dem sich die beiden ersten Zehen treffen.

- Ziehen Sie Ihre Schultern hinunter, wenn Sie sich bei Übungen im Stehen seitwärts beugen. Stellen Sie sich mit dem Rücken zum Beispiel an eine Wand, um zu sehen, ob Schultern und Wirbelsäule gerade sind.

## Vorwärtsbeugungen

- Knicken Sie in der Hüfte ab, als wäre sie ein Scharnier. „Falten" Sie sich zusammen statt sich abzurollen. Strecken Sie die Hände nach vorn.
- Die Knie müssen locker oder gebeugt sein; sie dürfen nicht durchgedrückt sein, da sonst Verletzungsgefahr besteht. Beim zweiten Versuch können Sie die Knie schon ein klein wenig mehr durchdrücken.
- Legen Sie den kleinen Finger neben den kleinen Zeh, wenn Sie beim Vornüberbeugen mit den Händen den Boden berühren können. Gelingt Ihnen das nicht, stützen Sie die Hände auf den Beinen ab. Stützen Sie sich beim Wiederaufrichten mit den Händen Stück für Stück an der Vorderseite der Schenkel ab, wenn Sie Probleme mit dem Rücken haben. Lassen Sie nie den Oberkörper einfach herabhängen.
- Halten Sie bei Vorwärtsbeugungen im Sitzen den Kopf oben und das Kinn parallel zum Boden. Strecken Sie die Brust heraus, statt den Rücken zu krümmen.
- Ruckeln oder schieben Sie Ihre Hüfte in eine bequemere Stellung.
- Halten Sie die Handflächen einander zugewandt, wenn Sie die Arme hochheben, damit die Energie zirkulieren kann, aber nicht ausströmt.

**Achten Sie bei den Vorwärtsbeugungen darauf nicht abzurollen**

## Rückwärtsbeugungen

- Konzentrieren Sie sich bei Rückwärtsbeugungen (zum Beispiel bei der Kobra) auf die Dehnung und Verlängerung des Rückgrates. Die Brust muss nach oben gewölbt sein, aber der Oberkörper soll nicht weiter nach hinten gebeugt werden. Die Stelle oberhalb des Steißbeins soll gestreckt und flach sein.
- Pressen Sie die Pobacken zusammen, damit der untere Rücken unterstützt wird. Spannen Sie den Bauch dabei leicht an.
- Verlagern Sie Ihr Gewicht bei Rückwärtsbeugungen im Stehen oder Knien über die Knöchel. Der Kopf darf nicht herabbaumeln, das Kinn muss an die Brust gezogen werden.
- Spüren Sie im Rücken ein unangenehmes Gefühl, ziehen Sie den Bauchnabel tief ein und spannen Sie die Gesäßmuskeln an.
- Seien Sie kreativ, körperlich wie geistig. Bringen Sie Körper und Geist ins Reine.

# Die Yogaübungen

# Aufwärmübungen

## Berg (Tadasana)

### I. Wofür die Übung gut ist:

Der Berg

- ist die Grundstellung für alle Übungen im Stehen
- verbessert das Gleichgewicht
- beruhigt das Nervensystem
- hilft einem, sich zu zentrieren
- lehrt, wie man sich gleichmäßig und harmonisch bewegt

### II. Ausführung:

**1.** Stellen Sie sich mit geschlossenen Beinen aufrecht hin, die großen Zehen berühren sich. **(Abb. 1)**
**2.** Verlagern Sie das Gewicht zu den Fußballen hin und konzentrieren Sie sich auf die Stelle zwischen den ersten beiden Zehen.
**3.** Pressen Sie die Knie zusammen und ziehen Sie die Kniescheiben hoch.
**4.** Spannen Sie die Gesäßmuskeln und die Bauchmuskeln an und strecken Sie die Brust raus, damit Ihre Wirbelsäule schön gerade ist.
**5.** Strecken Sie Rücken und Nacken; senken Sie die Schultern und spannen Sie sie an.
**6.** Lassen Sie die Arme locker baumeln.
**7.** Halten Sie den Kopf hoch, das Kinn sollte parallel zum Boden zeigen, die Augen blicken in die Ferne. Entspannen Sie Ihr Gesicht.
**8.** Zentrieren Sie sich so gut wie möglich. Falls nötig können Sie Ihre Haltung auch leicht verändern.

### Variante: Morgenstreckung

**1.** Entspannen Sie sich. Recken und strecken Sie sich kräftig in alle Richtungen, als würden Sie gerade aufwachen und sich im Bett räkeln. **(Abb. 2)**
**2.** Lassen Sie sich Zeit. Gähnen Sie herzhaft. Dehnen und strecken Sie sich, bis Sie sich aufgewärmt fühlen.

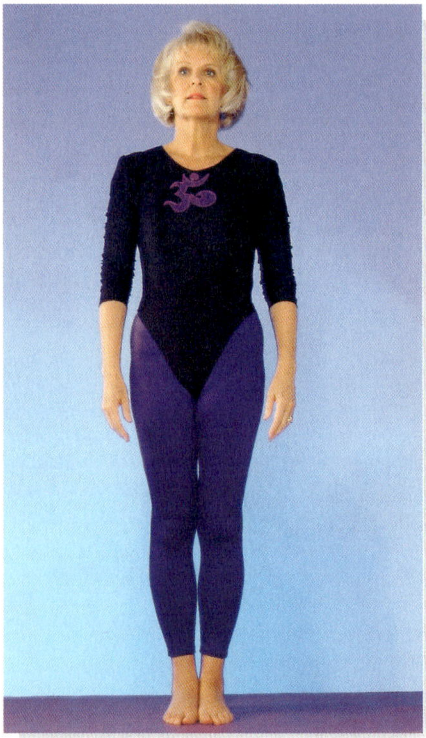

Abb. 1

### III. So ist es richtig:

Bewegen Sie sich leicht auf den Füßen vor und zurück, bis Sie einen festen Stand gefunden haben. Dehnen und strecken Sie bewusst jeden einzelnen Körperteil von unten nach oben, um die Beine vom Rumpf zu unterscheiden, die Hüfte vom Brustbereich, den Hals von den Schultern und den Kopf vom Hals. Strecken Sie sich von den Fußsohlen bis zu den Haarspitzen. Die Schultern sollen gerade, aber entspannt sein. Benutzen Sie die beschriebene Stellung als Grundlage für das Zentrieren bei allen Übungen im Stehen. Verlagern Sie Ihr Gewicht nie auf die Fersen, denn dadurch wird der Bauch nach vorn gedrückt, die Schultern runden sich, die Hüften verlieren die Spannung und der Rücken wird belastet.

### Variante: Bergspitze

**1.** Führen Sie die Schritte 1–8 wie oben beschrieben aus.
**2.** Drücken Sie die Handflächen vor Ihrer Brust gegeneinander.
**3.** Atmen Sie ein und strecken Sie die Arme über den Kopf. Die Ellbogen bleiben möglichst gerade. **(Abb. 3)**
**4.** Atmen Sie aus und nehmen Sie die Arme wieder herunter. Entspannen Sie sich.

Abb. 2

Abb. 3

## Schulterübungen

### I. Wofür die Übung gut ist:

Schulterübungen
- lösen Verspannungen im Schulter- und oberen Rückenbereich
- lockern die Muskeln in diesem Bereich
- kräftigen die Oberarmmuskeln

### II. Ausführung:

**1.** Stellen Sie sich in Berg-Haltung hin.
**2.** Winkeln Sie die Arme an, so dass die Ellbogen etwa in Kopfhöhe gehalten werden und die leicht zusammengeballten Fäuste auf Halshöhe sind. **(Abb. 4)**
**3.** Ziehen Sie die Schultern zurück, aber führen Sie sie nicht zusammen.
**4.** Machen Sie nun mit den Ellbogen kleine Kreisbewegungen nach vorn. Lassen Sie dabei aber die Arme nicht sinken. **(Abb. 5)**
**5.** Es folgen die gleichen Kreisbewegungen, aber diesmal nach hinten.
**6.** Lassen Sie die Arme sinken und entspannen Sie sich.

### Variante 1:

**1.** Stellen Sie sich in Berg-Haltung hin.
**2.** Strecken Sie die Arme seitwärts aus. Die Handflächen zeigen nach oben. **(Abb. 6)**
**3.** Drehen Sie die Hände so weit es geht nach hinten oder bis die Handflächen wieder nach oben zeigen. Verharren Sie so einen Augenblick.
**4.** Drehen Sie dann die Hände so weit wie möglich nach vorn.
**5.** Wiederholen Sie diese Übungen mehrere Male. Entspannen Sie danach die Arme.

Abb. 4

### Variante 2:

**1.** Ziehen Sie langsam die Schultern bis fast zu den Ohren hoch. Verharren Sie einige Sekunden lang so. Entspannen Sie die Schultern. **(Abb. 7)**
**2.** Ziehen Sie nun die Schultern bewusst herunter und strecken Sie dabei den Hals. Halten Sie das Kinn parallel zum Boden.
**3.** Wiederholen Sie die Übung mehrere Male, erst langsam, dann schnell. Entspannen Sie sich dann.

Abb. 5

Abb. 6

Abb. 7

### III. So ist es richtig:

Ziehen Sie die Schultern so weit wie möglich hoch, aber verkrampfen Sie sie dabei nicht. Ziehen Sie die Schultern nicht nach hinten, sondern nur nach unten.

## Rock 'n' Roll

### I. Wofür die Übung gut ist:

Rock 'n' Roll

- eignet sich hervorragend zum Aufwärmen und zum Energieaufladen
- macht die Wirbelsäule gelenkig
- kräftigt die Bauchmuskeln
- massiert und lindert Verspannungen im Nacken und in der Wirbelsäule
- wirkt sich positiv auf Leber und Milz aus
- fördert Verdauung und Stuhlgang

### II. Ausführung:

**1.** Setzen Sie sich auf den Boden und ziehen Sie die Knie an.
**2.** Verschränken Sie die Hände in den Kniekehlen.
**3.** Beugen Sie Ihren Kopf so nah wie möglich zum Knie und lassen Sie ihn dort während der gesamten Übung. **(Abb. 8)**
**4.** Rollen Sie sich mit abgerundetem Rücken und geschlossenen Beinen sanft auf der Wirbelsäule nach hinten ab. **(Abb. 9)**
**5.** Wiegen Sie sich gleichmäßig vor und zurück. **(Abb. 10)**
**6.** Wiederholen Sie die Übung zwölfmal oder 1 Minute lang.
**7.** Vergessen Sie das Atmen dabei nicht.

### III. So ist es richtig:

Beginnen Sie die Übung auf dem Rücken, wenn Sie Angst davor haben, dies aus der sitzenden Stellung heraus zu tun.
Machen Sie diese Übung, wenn Sie sich verkrampft fühlen.
Der Kopf muss so nah wie möglich an den Knien sein, damit der Rücken rund bleibt und man sich abrollen kann.
Nutzen Sie den Schwung der ersten Rückwärtsrolle, um wieder nach oben zu kommen.
„Rollen" Sie nur ein wenig auf Ihrer Haut hin und her, wenn Sie einen steifen Rücken haben.
Rock 'n' Roll ist die Lieblingsübung meines Mannes, wenn er nach einem anstrengenden Bürotag nach Hause kommt. Sie löst seine Verspannungen und er kann den Rest des Abends mehr genießen.

Abb. 8

Abb. 9

Abb. 10

## Katzenstreckung

### I. Wofür die Übung gut ist:

Die Katzenstreckung

- stärkt den Rücken
- festigt und kräftigt die Oberarme
- entspannt
- eignet sich sehr gut zur Straffung der erschlafften inneren Organe nach der Geburt
- strafft die Haut in der Kinngegend
- dehnt die ganze Vorderseite des Körpers

### II. Ausführung:

**1.** Knien Sie sich auf alle viere. Oberschenkel und Arme sollten senkrecht zum Boden stehen.
**2.** Spreizen Sie die Finger, damit Sie einen festen Halt haben. Atmen Sie aus. **(Abb. 11)**
**3.** Atmen sie ein, beugen Sie die Ellbogen nach außen, strecken Sie das Kinn nach vorn und legen Sie es dann auf den Boden. Der Kopf und beide Hände sollten ein Dreieck bilden. Halten Sie diese Stellung und atmen Sie dabei gleichmäßig. **(Abb. 12)**
**4.** Atmen Sie aus, drücken Sie sich kräftig mit den Händen vom Boden ab und wölben Sie die Schultern nach oben, als wären Sie eine wütende Katze, die einen Buckel macht. Halten Sie diese Stellung. Entspannen Sie sich. **(Abb. 13)**
**5.** Atmen Sie aus und ziehen Sie nun das rechte Knie nach vorn und berühren Sie damit, falls möglich, den Kopf. Halten Sie die Stellung. **(Abb. 14)**
**6.** Atmen Sie ein und strecken Sie das rechte Bein gerade nach hinten hoch und dehnen Sie die Wirbelsäule. Ver-

Abb. 11

harren Sie in dieser Stellung. Der Kopf sollte im Nacken liegen und die Arme sollten ausgestreckt sein. **(Abb. 15)**

**7.** Bringen Sie das Bein langsam wieder in Richtung Kopf. Halten Sie die Stellung.

**8.** Entspannen Sie sich. Wiederholen Sie die Übung mit dem linken Bein.

**9.** Wiederholen Sie die ganze Übung.

### III. So ist es richtig:

Erfreuen Sie sich an der deh-h-h-hnenden Bewegung Ihres Körpers. Bewegen Sie sich langsam und mit Anmut, in einer fließenden Bewegung. Lassen Sie sich nicht entmutigen, wenn Sie den Kopf nicht bis zu den Knien beugen können. Das wird sich mit der Zeit ändern.

Abb. 12

Abb. 13

Abb. 14

Abb. 15

## Variante: Katzenstreckung im Stehen

**1.** Stellen Sie sich in der Berg-Haltung hin. Die Füße sind etwa 30 Zentimeter auseinander.
**2.** Gehen Sie leicht in die Knie. Beugen Sie sich nach vorn, legen Sie Ihre Hände genau oberhalb der Knie auf die Beine und verlagern Ihr Gewicht auf sie.
**3.** Atmen Sie aus und krümmen Sie Ihre Schultern zu einem Bogen. Halten Sie diese Stellung. **(Abb. 16)**

Abb. 16

**4.** Atmen Sie ein, heben Sie den Kopf und strecken Sie das Gesäß heraus. Halten Sie die Stellung. **(Abb. 17)**
**5.** Wiederholen Sie diese Übung mehrmals.

Abb. 17

# Pendel

## I. Wofür die Übung gut ist:

Das Pendel

- lindert Schmerzen bei Schulterbeschwerden
- fördert die Durchblutung in Kopf und Oberkörper
- löst Verspannungen und verleiht neue Energie
- verbessert die Körperhaltung
- kräftigt die Muskeln im Schulter- und oberen Rückenbereich

## II. Ausführung:

**1.** Stellen Sie sich mit leicht gespreizten Beinen hin und stützen Sie Ihre linke Hand in die Taille. **(Abb. 18)**

Abb. 18

Abb. 19

**2.** Knicken Sie langsam in der Hüfte ab, strecken Sie die Brust nach vorn und lassen Sie den Kopf und den rechten Arm locker nach unten hängen.
**3.** Bewegen Sie Ihren rechten Arm wie ein Pendel mit einer kreisenden Bewegung vor den Beinen hin und her. Hierbei ist es wichtig, dass der Arm nicht durchgedrückt ist und von Ihnen gesteuert wird, sondern frei und locker schwingt. **(Abb. 19)**
**4.** Richten Sie sich langsam wieder auf und heben Sie den rechten Arm über Ihren Kopf. Biegen Sie ihn so weit es geht nach hinten. Halten Sie diese Stellung. Entspannen Sie sich. **(Abb. 20)**
**5.** Wiederholen Sie die Übung mit dem anderen Arm.
**6.** Wiederholen Sie die Übung mit beiden Armen.
**7.** Wiederholen Sie die ganze Übung noch zwei-, dreimal. Verändern Sie dabei jeweils die Schwungrichtung des Pendels.

## III. So ist es richtig:

Die Knie durchdrücken!
Nicht mit gestreckten Armen pendeln.
Wer keine Rückenbeschwerden hat, dem mag diese Übung zu einfach sein. Wer jedoch verspannt ist oder Schulterbeschwerden hat, dem bringt sie große Erleichterung ohne allzu große Anstrengung.

Abb. 20

## Brustexpander mit Unterstützung (Parsvottanasana)

### I. Wofür die Übung gut ist:

Der Brustexpander

- strafft bei Frauen den Busen und entwickelt bei Männern die Brustmuskulatur
- lindert Verspannungen im Nacken, in den Schultern und im oberen Rückenbereich
- verleiht neue Energie
- entspannt den ganzen Körper
- strafft und verkleinert ein „schlaffes" Bäuchlein
- verbessert die Körperhaltung
- erweitert die Lungen und verbessert die Durchblutung des Kopfes

### II. Ausführung:

**1.** Stellen Sie sich in der Berg-Haltung mit leicht gespreizten Beinen hin.
**2.** Nehmen Sie eine Krawatte und binden Sie die beiden Enden zusammen, so dass eine Schlaufe entsteht.
**3.** Legen Sie Ihre Arme nach hinten und in die Schlaufe; die Daumen zeigen nach vorn. Sie können anstelle der Krawatte auch einen Stock oder Besen benutzen **(Abb. 21)**
**4.** Halten Sie die Hände in der Schlaufe in Hüfthöhe, strecken Sie sie aus und heben Sie sie hoch, bis sie parallel zum Boden zeigen. **(Abb. 22)**
**5.** Atmen Sie ein und beugen Sie sich mit zusammengezogenen Schulterblättern leicht nach hinten.

Abb. 21

Abb. 22

**6.** Atmen Sie aus und beugen Sie sich aus der Hüfte so weit nach vorn wie Sie können. Strecken Sie dabei das Kinn vor. Beugen Sie kurz Ihre Knie und drücken Sie sie dann durch (so weit es geht). **(Abb. 23)**
**7.** Drücken Sie Ihre Arme noch weiter über den Kopf in Richtung Boden und lassen Sie dabei den Kopf locker hängen. Atmen Sie normal, während Sie in dieser Stellung verweilen. Versuchen Sie sich bei jedem Ausatmen mehr zu entspannen. **(Abb. 24)**
**8.** Atmen Sie ein und richten Sie sich langsam auf.
**9.** Entspannen Sie sich und lassen Sie die Krawatte fallen. Fühlen Sie bewusst wie sich die, durch die verbesserte Durchblutung entstandene, Wärme in Ihren Schultern und dem oberen Rückenbereich ausbreitet.
**10.** Wiederholen Sie die ganze Übung noch ein-, zweimal.

## III. So ist es richtig:

Wenn Sie etwas für Ihren Busen tun wollen, sollten Sie diese Übung so oft wie möglich machen. Lassen Sie die Augen offen – Sie können so leichter das Gleichgewicht halten.
Der Brustexpander eignet sich hervorragend zur Entkrampfung und Entspannung sowie um neue Energie zu tanken, wenn man lange am Schreibtisch gesessen hat.

Abb. 23

Abb. 24

## Hundestreckung (Adho Mukha Svanasana)

### I. Wofür die Übung gut ist:

Die Hundestreckung

- verleiht neue Energie
- kann zur Vorbereitung oder als Ersatz für den Kopfstand dienen
- formt schöne Beine und Knöchel
- kräftigt die Bauchmuskulatur
- verlangsamt den Herzschlag
- wird bei Arthritis in den Schultergelenken empfohlen
- verbessert die Durchblutung von Kopf und Herz
- beseitigt Steifheit und Verspannungen im Nacken und den Schultern
- lindert Schmerzen in den Fersen

### II. Ausführung:

**1.** Legen Sie sich auf den Bauch. Die Hände liegen neben der Brust, die Finger zeigen nach vorn, die Füße stehen etwa 30 Zentimeter auseinander.
**2.** Ziehen Sie die Zehen an, atmen Sie aus und drücken Sie sich mit den Armen vom Boden ab wie bei einer Liegestütze. **(Abb. 25)**
**3.** Wenn die Arme ganz ausgestreckt sind, drücken Sie das Gesäß nach oben, so dass der Körper abknickt und verlagern das Gewicht auf die Fußballen. **(Abb. 26)**
**4.** Beugen Sie den Kopf in Richtung Füße und legen Sie ihn – wenn möglich – mit dem Scheitel auf den Boden. Entspannen Sie die Schultern und den Nacken.
**5.** Drücken Sie die Knie durch und versuchen Sie die Fersen auf den Boden zu setzen.
**6.** Strecken Sie mit durchgedrückten Ellbogen den Rücken; falls nötig, können Sie mit den Händen ein Stück nach vorn rutschen.
**7.** Bleiben Sie 15–60 Sekunden in dieser Stellung und atmen Sie dabei normal.
**8.** Atmen Sie aus, lassen Sie sich zu Boden sinken und entspannen Sie sich.
**9.** Wiederholen Sie die Übung noch zweimal, wenn Sie diese Stellung nicht lange durchgehalten haben.

Abb. 25

Abb. 26

### III. So ist es richtig:

Falls Sie den Kopf nicht ohne weiteres auf den Boden legen können, dürfen Sie gerne ein Kissen drunterlegen. Machen Sie diese Übung barfuß, damit die Füße nicht wegrutschen können. Falls Ihnen die Hände wegrutschen, können Sie die Übung auch vor einer Wand machen und die Handflächen kurz vor der Wand auf den Boden legen. Daumen und Zeigefinger sind dabei gespreizt. Fehlt Ihnen die Kraft, um diese Übung aus der Liegestütze heraus zu machen, können Sie auch auf allen vieren anfangen. **(Abb. 27)** Denken Sie daran, dass die Hundestreckung bereits eine sehr fortgeschrittene Übung ist und es deshalb einige Zeit dauert, bis man sie beherrscht.

Abb. 27

Ich halte die Hundestreckung für eine der wichtigsten Yogaübungen. Sie sorgt für neue Energie und Kraft, löst fast im ganzen Körper Verspannungen und wirkt auf die Füße wie eine Massage. Die Hundestreckung ist eine meiner Lieblingsübungen.

# Übungen im Stehen

## Dreieck (Utthita Trikonasana)

### I. Wofür die Übung gut ist:

Das Dreieck

- lindert Rückenschmerzen
- entwickelt die Brustmuskulatur
- bringt Erleichterung bei Menstruationsbeschwerden
- kräftigt die Hüft-, Schenkel- und Beinmuskulatur
- massiert und stimuliert die Unterleibsorgane
- die Variante macht die Taille schlank
- verbessert die Körperhaltung

Abb. 28

### II. Ausführung:

**1.** Stellen Sie sich mit gespreizten Beinen (die Füße sind etwa 1 Meter auseinander) in der Berg-Stellung hin.
**2.** Strecken Sie die Arme seitlich so aus, dass sie parallel zum Boden sind **(Abb. 28).** Die Handflächen zeigen nach unten.
**3.** Drehen Sie den rechten Fuß um 90° nach außen, den linken leicht nach innen. Die rechte Ferse sollte sich auf gleicher Höhe befinden wie die linke Fußinnenseite.
**4.** Atmen Sie aus und beugen Sie Ihren Körper nach rechts. Versuchen Sie mit der rechten Hand so nahe wie möglich außen an den rechten Knöchel zu kommen. Der Arm ist dabei gestreckt.
**5.** Heben Sie gleichzeitig Ihren linken Arm, bis er mit dem rechten Arm eine gerade Linie bildet. Schauen Sie zu Ihrer linken Hand hoch **(Abb. 29).** Der Oberkörper zeigt nach vorn.
**6.** Halten Sie diese Stellung 10–30 Sekunden lang und atmen Sie dabei normal.
**7.** Atmen Sie ein und richten Sie sich langsam wieder auf.
**8.** Wiederholen Sie das Ganze mit der anderen Seite.
**9.** Wiederholen Sie die Übung auf beiden Seiten noch zweimal.

### III. So ist es richtig:

Lassen Sie die Knie durchgedrückt. Es ist weniger wichtig, wie weit Sie kommen, aber sehr wichtig, diese Übung richtig auszuführen.
Strecken Sie Ihre Schulter, während Sie die Stellung halten.
Spannen Sie Ihre Beinmuskeln an.
Üben Sie zuerst mit dem Rücken zum Beispiel an der Wand, damit er gerade bleibt.
Verteilen Sie Ihr Gewicht gleichmäßig auf beide Füße.
Das Dreieck erinnert zwar an eine Gymnastikübung, allerdings gibt es einen großen Unterschied: bei der Yogaübung wird die Stellung gehalten, wodurch sich Verspannungen lösen.
Probieren Sie beide Übungen aus, um den Unterschied zu merken.

Abb. 29

### Variante: Kriegerpose (Utthita Parsvakonasana)

**1.** Führen Sie Schritt 1–3 wie oben aus.
**2.** Atmen Sie aus und beugen Sie das rechte Knie, bis sich der Oberschenkel parallel zum Boden befindet.
**3.** Drehen Sie den Kopf nach rechts und schieben Sie den linken Arm etwas nach links (damit Sie sich nicht zu weit nach rechts beugen).
**(Abb. 30)**
**4.** Heben Sie den Oberkörper und strecken Sie die Wirbelsäule. Entspannen Sie sich und atmen Sie gleichmäßig.
**5.** Atmen Sie ein, richten Sie sich auf, drehen Sie die Füße nach vorn und entspannen Sie sich.
**6.** Wiederholen Sie die Übung mit der anderen Seite.

Abb. 30

## Leichte Vorwärts-Rumpfbeuge (Uttanasana)

### I. Wofür die Übung gut ist:

Die leichte Vorwärts-Rumpfbeuge

- löst Verkrampfungen der Kniesehnen und der Wadenmuskulatur
- fördert die Durchblutung des Kopfes, wirkt dadurch der Faltenbildung entgegen, sorgt für einen frischen Teint und erhöht die Aufmerksamkeit
- verleiht neue Energie
- löst Verspannungen im Rücken und den Schultern
- baut überschüssiges Fett ab
- macht die Wirbelsäule biegsamer

Abb. 31

### II. Ausführung:

### Variante 1: Sich nach vorn hängen lassen

**1.** Stellen Sie sich in der Berg-Haltung hin. Die Füße stehen etwa 30 Zentimeter auseinander.

**2.** Heben Sie die Arme über den Kopf und beugen Sie sich leicht nach hinten.

**3.** Atmen Sie aus und beugen Sie sich von der Hüfte aus nach vorn. Strecken Sie zuerst die Arme und den Oberkörper nach vorn und lassen Sie dann die Arme baumeln. Rücken und Kopf bilden eine Linie.

**4.** Beugen Sie leicht die Knie und drücken Sie sie langsam wieder durch. Schieben Sie die Hüfte nach vorn. **(Abb. 31)**

**5.** Lassen Sie den Kopf dann locker herabhängen und atmen Sie währenddessen normal.

**6.** Halten Sie diese Stellung 5–30 Sekunden lang.

**7.** Atmen Sie ein und richten Sie sich langsam wieder auf.

### Variante 2: Vorwärts-Rumpfbeuge mit Hilfestellung

**1.** Stellen Sie sich etwa 1 Meter vor die Küchentheke.

**2.** Die Füße stehen etwa 30 Zentimeter auseinander

**3.** Beugen Sie sich nach vorn und legen Sie die Handflächen auf die Theke. Gehen Sie, falls nötig, näher heran und treten Sie von einem Fuß auf den anderen, bis Sie eine angenehme, gestreckte Haltung gefunden haben. **(Abb. 32)**

**4.** Strecken Sie die Wirbelsäule. Der obere Rückenbereich sollte gerade sein. Strecken Sie das Gesäß heraus und knicken Sie in der Hüfte ab. Die Beine bleiben gestreckt.
**5.** Bleiben Sie 5–30 Sekunden lang in dieser Haltung. Atmen Sie ein und richten Sie sich langsam wieder auf. Stützen Sie sich an der Thekenkante ab, wenn Sie Probleme mit dem Rücken haben.

### Variante 3: Vorwärts-Rumpfbeuge für Fortgeschrittene

**1.** Führen Sie die Schritte 1–5 der Variante 1 aus.
**2.** Dann umfassen Sie mit beiden Händen die Unterschenkel von hinten etwas oberhalb der Knöchel. Die Daumen zeigen nach vorn.
**3.** Ziehen Sie nun sanft den Oberkörper weiter herunter und versuchen Sie den Kopf gegen die Beine zu drücken. **(Abb. 33)**

### III. So ist es richtig:

Wenn Sie Rückenprobleme haben, sollten Sie nur Variante 2 der Rumpfbeuge machen. Die Beine bleiben gerade, während Sie die Oberschenkelmuskeln und die Kniescheiben anspannen.
Vorwärts-Rumpfbeugen im Stehen wirken bei Verspannungen der Rückenmuskeln und der Kniesehnen Wunder.
Allein durch das Gewicht des locker herabhängenden Oberkörpers werden Verspannungen in diesen Bereichen gelöst, oft so weit, dass Sie schließlich sogar mit den Händen den Boden berühren können.

Abb. 32

Abb. 33

## Beinstreckung im Stehen (Utthita Hasta Padangusthasana)

### I. Wofür die Übung gut ist:

Beinstreckung im Stehen

- löst Verspannungen der Kniesehnen und kräftigt sie
- macht die Beine beweglicher
- macht die Hüftgelenke beweglicher
- strafft und festigt Oberschenkel, Hüften und Gesäß
- weitet den Brustkorb (gut für Asthma- und Bronchitiskranke)
- lindert Unterleibskrämpfe während der Menstruation
- wirkt sich positiv bei einem „schlimmen Rücken" und Ischias aus

Abb. 34

### II. Ausführung

**1.** Stellen Sie sich in der Berg-Haltung etwa 0,5 bis 1 Meter vor die Küchentheke, einen hohen Hocker oder einen Fenstersims.
**2.** Legen Sie die rechte Ferse auf die Theke. Die Zehen zeigen nach oben.
**3.** Drehen Sie den linken Fuß leicht nach außen. Beide Knie sollen durchgedrückt sein, so dass die Beine fast eine gerade Linie bilden.
**4.** Strecken Sie das linke Bein. Der Oberkörper soll gerade sein. Ziehen Sie die Schultern herunter.
**5.** Drehen Sie die rechte Hüfte etwas nach hinten, heben Sie sie an und lassen Sie sie wieder sinken.
**6.** Atmen Sie ein und heben Sie beide Arme über den Kopf. Die Handinnenflächen sollen einander zugewandt sein. Halten Sie diese Stellung und atmen Sie gleichmäßig. **(Abb. 34)**
**7.** Atmen Sie aus, lassen Sie die Arme sinken und wiederholen Sie die Übung mit der anderen Seite.

### Variante:

**1.** Führen Sie die Schritte 1–5 wie oben aus.
**2.** Legen Sie unter den rechten Fuß eine Krawatte oder einen Gürtel und nehmen Sie je ein Ende fest in die linke und in die rechte Hand. **(Abb. 35)**
**3.** Senken Sie die Arme auf die Höhe der Beine. Die Ellbogen sind leicht nach hinten und außen abgewinkelt (um den Brustraum zu weiten). Ziehen Sie die Schultern herab.
**4.** Atmen Sie aus, ziehen Sie die rechte Hüfte etwas nach hinten, beugen Sie sich mit dem Oberkörper nach vorn so weit es geht und lassen Sie dann den Gürtel los. **(Abb. 36)**

Abb. 35

**5.** Halten Sie den Kopf oben und den Rücken so gerade wie möglich. Sehen Sie auf Ihre Zehen oder auf einen Punkt dahinter.
**6.** Verharren Sie 5–30 Sekunden in dieser Stellung. Wiederholen Sie die Übung mit der anderen Seite und auf beiden Seiten noch zweimal.

Abb. 36

## III. So ist es richtig:

Horchen Sie in Ihren Körper hinein um festzustellen, wie weit Sie sich strecken können. Beugen Sie das gestreckte Bein ein wenig, wenn sich die Muskeln verkrampfen. Nehmen Sie bei Schritt 3 der Variante nicht die Arme hoch; das wirkt der Streckwirkung entgegen.

# Gespreizte Beinstreckung im Stehen (Prasarita Padottanasana)

## I. Wofür die Übung gut ist:

Die Gespreizte Beinstreckung im Stehen

- unterstützt das Abnehmen
- verbessert die Durchblutung von Oberkörper und Kopf und deshalb ...
- fühlt man sich energiegeladener und wacher
- dehnt und kräftigt die Beinmuskulatur und verhilft zu schön geformten Beinen
- wird anstelle des Kopfstandes jenen empfohlen, die Bluthochdruck haben
- ist die beste Rumpfbeuge-Übung für Menschen, die ein Bandscheibenleiden haben

Abb. 37

## II. Ausführung:

**1.** Die Füße stehen so weit wie möglich auseinander (etwa 1,4 Meter). **(Abb. 37)**

**2.** Legen Sie die Hände an die Hüften, atmen Sie aus und beugen Sie sich langsam aus der Hüfte heraus nach vorn. Der Rücken ist leicht gewölbt.

**3.** Wenn der Körper sich parallel zum Boden befindet, legen Sie die Hände schulterbreit auseinander, auf gleicher Höhe mit den Füßen, auf den Boden. **(Abb. 38)**

**4.** Atmen Sie ein und legen Sie den Kopf in den Nacken.

**5.** Atmen Sie aus, beugen Sie die Ellbogen und senken Sie den Kopf zwischen die Arme, bis der Scheitel den Boden berührt. **(Abb. 39)**

**6.** Bleiben Sie 10–30 Sekunden lang in dieser Haltung und atmen Sie tief ein und aus.

**7.** Atmen Sie aus, richten Sie sich auf und entspannen Sie sich. Wiederholen Sie, falls nötig, die Übung.

## III. So ist es richtig:

Lassen Sie die Knie durchgestreckt, indem Sie die Kniescheiben anspannen.

Füße, Hände und Scheitel sollten eine Linie bilden.

Der Rücken ist nach vorn gebeugt und leicht gewölbt.

Abb. 38

Abb. 39

## Baucheinzieher (Uddiyana Bandha)

### I. Wofür die Übung gut ist:

Der Baucheinzieher

- sorgt durch Stimulierung der Darmperistaltik für eine gleichmäßige Verdauung
- verbessert die Durchblutung des Unterleibs, was wiederum Verdauung und Stoffwechsel positiv beeinflusst
- kräftigt und festigt die Unterleibsmuskulatur
- kräftigt und massiert die meisten Organe und Drüsen im Unterleib
- verhilft zu einer schmalen Taille

Abb. 40

### II. Ausführung:

**1.** Stellen Sie sich mit gespreizten Beinen aufrecht hin (Füße etwa 30 Zentimeter auseinander) und beugen Sie die Knie ein wenig.
**2.** Beugen Sie sich nach vorn, stützen Sie sich mit den Händen oberhalb der Knie auf den Beinen ab und verlagern Sie das Gewicht auf die Hände. Die Arme sind gerade. **(Abb. 40)**
**3.** Atmen Sie ein und dann vollkommen aus. Atmen Sie während der ganzen Übung nicht. Es ist außerordentlich wichtig, dass sich keine Luft mehr im Körper befindet.
**4.** Entspannen Sie nun den Bauch und ziehen Sie ihn so tief ein und hoch, als wollten Sie mit dem Nabel die Wirbelsäule berühren. Dadurch entsteht eine tiefe Einbuchtung. **(Abb. 41)**
**5.** Lassen Sie den Bauch 1 Sekunde lang eingezogen und dann plötzlich herausschnellen.
**6.** Ziehen Sie sofort den Bauch wieder ein. Ziehen Sie ihn so fest hoch, dass Sie spüren, wie sich die Muskeln im Nacken anspannen.
**7.** Lassen Sie nach 1 Sekunde den Bauch wieder herausschnellen.
**8.** Wiederholen Sie diese Übung drei- bis fünfmal, ohne zu atmen.
**9.** Entspannen Sie sich und holen Sie tief Luft. Wenn Sie nach der Übung ausatmen müssen, haben Sie sie falsch gemacht.
**10.** Machen Sie diese Übung dreimal hintereinander. Wenn Sie öfter unter Verstopfung leiden, sollten Sie sie dreimal täglich machen.

### III. So ist es richtig:

Achten Sie darauf, dass sich keine Luft mehr in der Lunge befindet, bevor Sie den Bauch einziehen. Das bedarf ein wenig Übung und vermutlich werden Sie anfangs dazu neigen, bei jedem Einziehen des Bauches einzuatmen. Aber das drei- bis fünfmalige Einziehen und Herausschnellenlassen des Bauches soll ohne Luft zu holen ausgeführt werden. Sorgen Sie dafür, dass Ihr Bauch vollkommen entspannt ist, damit Ihnen eine richtige Einbuchtung von ganz alleine gelingt.

Steigern Sie den Turnus des Bauchschnellens auf zehnmal während einer Atempause, aber gehen Sie Schritt für Schritt vor, das heißt eine zusätzliche Kontraktion mehr pro Woche.

Lassen Sie sich nicht entmutigen, wenn Ihr Bauch zu dick ist und es aussieht, als entstünde überhaupt keine Einbuchtung. Es dauert ein Weilchen, aber Sie schaffen es gewiss.

Machen Sie die Übung nur auf nüchternen Magen.

Abb. 41

## Arm- und Beinstreckung (Virabhadrasana)

### I. Wofür die Übung gut ist:

Die Arm- und Beinstreckung

- dehnt und strafft die gesamte Vorderseite des Körpers
- verbessert die Haltung und lässt Ihre Bewegungen anmutiger wirken, da der Gleichgewichtssinn ausgeprägter wird
- löst Verspannungen im Rücken und in den Schenkeln
- weitet den Brustkorb

### II. Ausführung:

**1.** Stellen Sie sich aufrecht hin. Die Fersen sind geschlossen, die Zehen leicht nach außen gerichtet.
**2.** Beugen Sie Ihr linkes Bein nach hinten, bis der Fuß nah am Gesäß ist und halten Sie ihn mit Ihrer linken Hand. Verlagern Sie Ihr Gewicht auf den rechten Fuß. **(Abb. 42)**
**3.** Atmen Sie ein. Heben Sie den rechten Arm über Ihren Kopf. Der Daumen deutet nach hinten. Der Ellbogen ist durchgedrückt. **(Abb. 43)**
**4.** Ziehen Sie Ihr linkes Bein weiter nach oben, bis Sie ein Ziehen im Muskel an der Schenkelvorderseite spüren. **(Abb. 44)**
**5.** Richten Sie Ihren Blick auf einen Punkt in Augenhöhe vor Ihnen.
**6.** Halten Sie diese Stellung anfangs 5 Sekunden lang und verlängern Sie sie um 5 Sekunden pro Woche. Atmen Sie aus und entspannen Sie sich.
**7.** Wiederholen Sie die Übung mit dem rechten Bein. Üben Sie insgesamt dreimal auf jeder Seite.

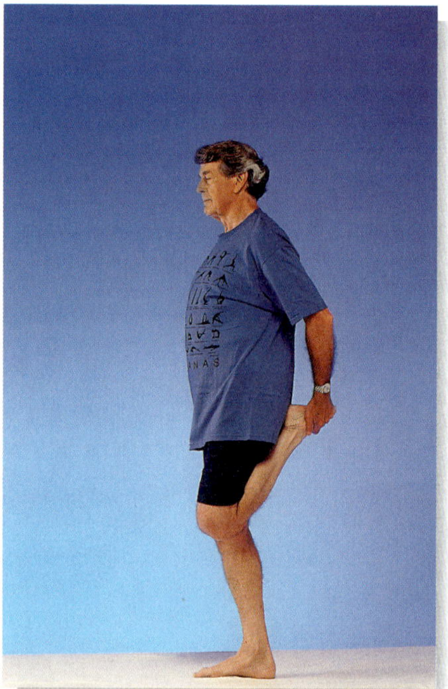

Abb. 42

Abb. 43

Abb. 44

**III. So ist es richtig:**

Machen Sie zunächst einfache Balanceübungen auf einem Fuß, wenn Sie Schwierigkeiten haben, das Gleichgewicht zu halten.

Konzentrieren Sie sich gut bei diesen Übungen, dann fällt es Ihnen leichter, das Gleichgewicht zu halten.

Sie sollten auch hier ganz langsam in die Übung hinein- und wieder hinausgehen.

Schließen Sie nicht Ihre Augen, sondern schauen Sie konzentriert auf einen Punkt vor Ihnen.

Halten Sie die Knie in einer Linie.

# Übungen im Sitzen

## Sitzender Held (Virasana)

### I. Wofür die Übung gut ist:

Der sitzende Held

- belebt müde Beine
- behebt Spannungen in den Knöcheln
- dehnt die Oberschenkel
- macht die Kniegelenke beweglich
- entspannt den gesamten Fuß, vor allem den Fußspann
- lindert Schmerzen in den Fersen

### II. Ausführung:

**1.** Knien Sie sich mit geschlossenen Beinen hin und spreizen Sie leicht die Füße. Lassen Sie sich auf Ihre Fersen sinken und verlagern Sie Ihr Gewicht auf die Hände, um eine bequeme Haltung zu finden.

Abb. 45

Abb. 46

**2.** Spreizen Sie die Füße nun hüftbreit, wenn Sie können. Die Knie sind immer noch geschlossen. Lassen Sie sich mit geradem Rücken mit dem Gesäß vorsichtig auf den Boden nieder. **(Abb. 45)**

Zieht es dabei in Ihrem Rücken zu sehr, legen Sie eine vierfach gefaltete Decke oder ein Schaumstoffpolster zwischen die Füße. **(Abb. 46)**

**3.** Legen Sie die Hände auf Ihre Oberschenkel oder auf die nach oben zeigenden Fußsohlen. Die Finger sollten nach vorn zeigen. Atmen Sie gleichmäßig, sehen Sie nach vorn und konzentrieren Sie sich auf einen bestimmten Punkt. **(Abb. 47)**

Abb. 47

**4.** Rutschen Sie etwas hin und her, wenn Sie noch nicht bequem sitzen und halten Sie dann diese Stellung so lange, bis sie Ihnen unbequem wird. Die Wirbelsäule sollte gerade, aber entspannt sein.

## III. So ist es richtig:

Machen Sie die Übung so oft wie möglich zwischen den Asanas, da sie hervorragend entspannt. Üben Sie anfangs immer mit einem Kissen oder einer Decke.

## Kopf-zum-Knie-Streckung (Janusirsana)

### I. Wofür die Übung gut ist:

Die Kopf-zum-Knie-Streckung
- massiert fast alle Unterleibsorgane und fördert die Verdauung
- entspannt Beine, Gesäßmuskeln und Rücken
- kräftigt und festigt Bauch und Beine
- macht die Wirbelsäule elastisch und kräftigt sie

### II. Ausführung:

**1.** Setzen Sie sich mit weit gespreizten Beinen aufrecht auf den Boden (oder auf eine vierfach gefaltete Decke, wenn Sie Rückenprobleme haben).

**2.** Winkeln Sie Ihr linkes Bein an und legen Sie den Fuß so nah wie möglich am Körper an die Innenseite des rechten Oberschenkels. **(Abb. 48)**

**3.** Beugen Sie den Oberkörper über das ausgestreckte Bein und legen Sie eine Krawatte oder einen Gürtel um den Fuß des ausgestreckten rechten Beines. **(Abb. 49)**

**4.** Atmen Sie ein, heben Sie den Kopf, straffen Sie die Krawatte und beugen Sie sich möglichst mit gestreckten Armen zurück. Die Vorderseite des Körpers ist gestreckt.

**5.** Halten Sie diese Stellung 5–30 Sekunden lang und atmen Sie dabei gleichmäßig. Wiederholen Sie die Übung mit dem anderen Bein und noch einmal auf beiden Seiten.

Abb. 48

## Variante:

**1.** Machen Sie Schritt 1 und 2 wie bei „Ausführung".
**2.** Legen Sie ein Kissen, eine zusammengefaltete Decke oder ein Polster auf Ihr Schienbein.
**3.** Drehen Sie Ihren Oberkörper dem ausgestreckten Bein zu und legen Sie eine Krawatte oder einen Gürtel um den Fuß des ausgestreckten rechten Beines.
**4.** Atmen Sie aus und beugen Sie sich vor, während Sie an der Krawatte ziehen und legen Sie den Kopf dann auf das Polster. **(Abb. 50)**
**5.** Halten Sie die Stellung, atmen Sie ein und kommen Sie hoch.

## III. So ist es richtig:

Lassen Sie bei dieser Übung die Knie am Boden und machen Sie keine ruckartigen Bewegungen. Gerade aufgrund des regungslosen Beibehaltens einer Stellung sind Yogaübungen so wirkungsvoll und beugen Muskelverspannungen vor.
Sie werden erstaunt sein, wie schnell es Ihnen gelingt, mit Ihrem Kopf bis zum Knie zu kommen. Ein steifer Rücken und angespannte Kniesehnen sind erste Alterserscheinungen – diese Yogaübung schafft bei beidem Abhilfe und wenn man noch so steif ist.

Abb. 49

Abb. 50

## Einfache Aufsetzübungen

### I. Wofür die Übung gut ist:

Einfache Aufsetzübungen

- stärken den Rücken, wenn man sie nicht übertreibt
- eignen sich hervorragend zur Kräftigung, Festigung und Straffung der Bauchmuskeln
- straffen und kräftigen das Gesäß

### II. Ausführung:

### Variante 1:

**1.** Setzen Sie sich so vor eine Wand, dass Sie sie mit den Zehen berühren und rücken Sie mit dem Gesäß bis auf etwa 0,5 Meter heran.
**2.** Legen Sie sich hin und stemmen Sie die Füße (etwa hüftbreit gespreizt) gegen die Wand. Die Oberschenkel sollten sich nun in einem 90°-Winkel zum Körper befinden, die Unterschenkel in einem 90°-Winkel zu den Oberschenkeln.
**3.** Falten Sie die Hände unter dem Nacken.
**4.** Atmen Sie aus, ziehen Sie die Knie zum Oberkörper, versuchen Sie mit den Armen die Knie zu umschließen und spannen Sie die Bauchmuskeln an. **(Abb. 51)**
**5.** Halten Sie diese Stellung und zählen Sie bis drei. Wiederholen Sie die Übung dreimal.

Abb. 51

### Variante 2:

**1.** Machen Sie Schritt 1–3 wie oben.
**2.** Atmen Sie aus und bringen Sie den rechten Ellbogen zur Außenseite des linken Knies. Die Beine bleiben dabei parallel. Halten Sie diese Stellung und zählen Sie bis drei. Der andere Ellbogen bleibt in seiner ursprünglichen Lage. **(Abb. 52)**
**3.** Atmen Sie ein und legen Sie sich wieder zurück.
**4.** Atmen Sie aus und bringen Sie dann den linken Ellbogen zur Außenseite des rechten Knies. Atmen Sie ein und legen Sie sich wieder zurück.
**5.** Wiederholen Sie dies dreimal. Atmen Sie beim Hochgehen aus, beim Zurücklegen ein.

### Variante 3:

**1.** Machen Sie Schritt 1–3 wie oben.
**2.** Heben Sie die Füße und stellen Sie sie fest gegen die Wand. Beugen Sie den Oberkörper mit angewinkelten, nach außen zeigenden Ellbogen nach oben. Halten Sie diese Stellung und zählen Sie bis drei. **(Abb. 53)**

**3.** Atmen Sie ein und lassen sie sich wieder zurücksinken. Stemmen Sie dabei die Füße wieder fest gegen die Wand.
**4.** Wiederholen Sie die Übung dreimal.

## III. So ist es richtig:

Falten Sie die Hände nicht unter dem Kopf, sondern unter dem Nacken. Atmen Sie normal weiter, wenn Sie die Übung länger als 3 Sekunden halten. Leider sind alle Übungen für den Bauch anstrengend; bei regelmäßiger Wiederholung lassen sich aber schnelle und gute Erfolge erzielen.

Abb. 52

Abb. 53

## Knie- und Schenkelstreckung (Baddha Konasana)

### I. Wofür die Übung gut ist:

Die Knie- und Schenkelstreckung

- lindert Blasenbeschwerden
- hält die Prostata gesund
- regt die Nierenfunktion an
- strafft die Innenseite der Schenkel und baut dort Pölsterchen ab
- macht müde Beine munter
- hilft Frauen bei der Geburtsvorbereitung
- lindert Ischiasschmerzen

### II. Ausführung

**1.** Setzen Sie sich mit ausgestreckten Beinen und geradem Rücken auf den Boden.
**2.** Beugen Sie Ihre Knie seitlich und legen Sie die Fußsohlen aneinander.
**3.** Umfassen Sie mit beiden Händen fest die Füße und ziehen Sie diese so nah wie möglich an den Körper, im Idealfall bis zum Schritt. Ihr Rücken bleibt gerade. **(Abb. 54)**
**4.** Atmen Sie aus, nehmen Sie Ihren ganzen Willen zusammen und versuchen Sie, die Knie auf den Boden zu pressen. Ziehen Sie dabei zur Unterstützung die Füße nach oben und drücken Sie mit Ihren angewinkelten Armen die Beine auf den Boden. **(Abb. 55)**
**5.** Bleiben Sie so lange wie möglich in dieser Haltung (5–30 Sekunden). Das Geheimnis liegt hier im normalen Weiteratmen.
**6.** Strecken Sie die Beine aus, entspannen Sie sich und klopfen Sie dabei leicht mit den Knien auf den Boden.
**7.** Wiederholen Sie diese Übung noch zwei- bis viermal, wenn Sie etwas für Ihre Gesundheit oder gegen schlaffe Innenseiten der Schenkel tun wollen.

### III. So ist es richtig:

Umfassen Sie Ihre Füße fest mit beiden Händen, damit Sie einen guten Halt haben und nicht abrutschen. Drücken Sie die Knie nicht gewaltsam mit den Händen nach unten. Allein durch Willenskraft erreichen Sie schon sehr viel.
Lassen Sie sich nicht entmutigen, wenn Ihre Knie anfangs wie steile Felsen in die Höhe ragen. Mit Ausdauer und Geduld schaffen Sie es schließlich, die Knie auf den Boden zu legen. Versuchen Sie sich zu entspannen, während Sie die Stellung halten.
Setzen Sie sich anfangs auf eine vierfach gefaltete Decke.
Die Knie- und Schenkelstreckung ist eine anstrengende, aber sehr wichtige Übung. Diese Haltung wurde indischen Schustern abgeschaut, die fast völlig frei von Blasen- und Prostatabeschwerden sind.

Abb. 54

Abb. 55

## Sitz des Weisen (Siddhasana)

Abb. 56

Abb. 57

### I. Wofür die Übung gut ist:

Der Sitz des Weisen

- ist ideal zum längeren Sitzen geeignet (Meditation)
- entspannt den gesamten Körper
- dehnt und kräftigt die Beine und den unteren Rückenbereich
- wirkt sich positiv auf Blase und Harnapparat aus

### II. Ausführung:

**1.** Setzen Sie sich mit geradem Rücken auf die Kante einer vierfach gefalteten Decke. **(Abb. 56)**
**2.** Kreuzen Sie die Beine.
**3.** Überkreuzen Sie eher die Schienbeine als die Knöchel.
**4.** Liegt das rechte Bein außen, legen Sie den rechten Fuß unter die linke Wade.
**5.** Umfassen Sie nun Ihren linken Knöchel, heben Sie den Fuß sanft hoch und legen Sie ihn in die Spalte zwischen Wade und Oberschenkel des rechten Beines. Bleiben Sie im Rücken gerade.
**6.** Legen Sie die Hände mit den Handflächen nach oben auf die Knie und bringen Sie Daumen und Zeigefinger an den Spitzen zusammen. **(Abb. 57)**

### III. So ist es richtig:

Verwenden Sie eine viermal gefaltete Decke, wenn Sie eine brauchen. Versuchen Sie mit der Zeit, die Decke immer weniger zu falten, bis Sie gar keine mehr benötigen.
Machen Sie Meditationsübungen in dieser Stellung.
Falls Siddhasana für Sie anfangs zu schwer ist, machen Sie zunächst einen einfachen Schneidersitz.

# Rückwärtsbeugungen

## Kobra (Bujangasana)

### I. Wofür die Übung gut ist:

Kobra
- entwickelt die Brustmuskeln
- dehnt die Wirbelsäule und bringt die Wirbel wieder in ihre richtige Position
- kräftigt die Bauch- und Rückenmuskulatur
- strafft die Gesäßmuskeln und beseitigt Pölsterchen
- stärkt das Nervensystem
- fördert die Verdauung
- lindert Unterleibsbeschwerden
- festigt die Kinngegend

### II. Ausführung:

**1.** Legen Sie sich auf den Bauch, die Hände mit den Handflächen nach oben neben den Körper. **(Abb. 58)**
**2.** Atmen Sie ein und lassen Sie dabei die Hände in Richtung Füße gleiten. Heben Sie nun ganz langsam den Kopf, wobei die Nase leicht über den Teppich streift.
**3.** Sehen Sie nach oben, aber drücken Sie den Kopf nicht gewaltsam in den Nacken.
**4.** Wenn Sie den Kopf so weit wie möglich angehoben haben – aber erst dann – heben Sie Ihre Schultern und den Rücken. Überlassen Sie die Arbeit eher den Rückenmuskeln als den Händen.
**5.** Spannen Sie die Gesäßmuskeln an und heben Sie den Oberkörper so weit Sie können, aber nicht höher als bis zum Schambein. **(Abb. 59)**

Abb. 58

Abb. 59

**6.** Behalten Sie diese Stellung bei, bis sie Ihnen unbequem wird (oder 5–30 Sekunden).
**7.** Atmen Sie aus und kommen Sie ganz langsam aus der Kobrahaltung heraus. Spüren Sie, wie sich ein Wirbel nach dem anderen abrollt. Der Kopf bleibt bis zum Schluss oben.
**8.** Wiederholen Sie die Übung noch zweimal und atmen Sie dabei normal.

Abb. 60

Abb. 61

Abb. 62

## Varianten:

**1.** Gehen Sie wie oben vor, aber verschränken Sie die Finger auf dem Rücken, und dehnen Sie die Arme in Richtung Füße. **(Abb. 60)**

**2.** Gehen Sie wie oben vor, aber legen Sie die Hände in Schulterhöhe auf den Boden. Die Daumen sollten dabei unter den Schultern liegen. Heben Sie langsam den Oberkörper und drücken Sie sich dabei mit den Händen vom Boden ab. Gehen Sie nur so weit, wie die auf dem Boden liegenden Unterarme dies zulassen.

**3.** Gehen Sie wie oben vor, aber legen Sie die Ellbogen in Schulterhöhe ab und strecken Sie die Unterarme nach vorn. Heben Sie den Oberkörper wie bei 2., bis sich die Oberarme vom Boden lösen (diese Übung eignet sich vor allem bei Rückenbeschwerden). **(Abb. 61)**

**4.** Gehen Sie wie oben vor, aber legen Sie die Hände in Brusthöhe ab. Die Ellbogen stehen dabei seitlich nach oben weg. Drücken Sie sich hoch, strecken Sie langsam die Arme aus, aber gehen Sie nicht weiter als bis in Höhe der Schenkel. **(Abb. 62)**

## III. So ist es richtig:

Achten Sie darauf, dass Sie die ganze Zeit an die Decke schauen, aber drücken Sie den Kopf nicht gewaltsam in den Nacken.

Spannen Sie die Gesäß- und die Rückenmuskeln an. Strecken Sie die Brust nach vorn.

Die Arme sollten bei dieser Übung so wenig Arbeit leisten wie möglich.

## Fisch (Matsyasana)

### I. Wofür die Übung gut ist:

Der Fisch
- wirkt sich positiv bei Asthma und anderen Atembeschwerden aus
- stimuliert die Schilddrüse und hilft dadurch bei der Gewichtskontrolle
- lockert und entspannt die Nacken- und obere Rückenpartie
- fördert die Verdauung
- lindert Hämorrhoidenschmerzen
- fördert die Durchblutung des Kopfes

Abb. 63

### II. Ausführung:

**1.** Legen Sie sich mit ausgestreckten Beinen auf den Rücken und die Arme mit den Handflächen nach unten neben den Körper. **(Abb. 63)**
**2.** Drücken Sie die Ellbogen nach unten und machen Sie ein Hohlkreuz, so dass sich der Oberkörper nach oben wölbt.
**3.** Biegen Sie dabei Ihren Kopf zurück, bis Sie mit dem Scheitel fest auf dem Boden ruhen (oder so weit es eben geht). **(Abb. 64)**
**4.** Verlagern Sie Ihr Gewicht so, dass die Hauptlast auf Ihrem Gesäß liegt.
**5.** Bleiben Sie 5–60 Sekunden lang in dieser Stellung (oder bis sie Ihnen unbequem wird). Atmen Sie so normal wie möglich.
**6.** Lassen Sie sich langsam wieder zurückgleiten und wiederholen Sie die Übung noch zweimal.

### III. So ist es richtig:

Verlagern Sie das Gewicht hauptsächlich auf Gesäß und Ellbogen.
Die Beine müssen gestreckt bleiben.
Der Fisch ist vor allem für Menschen mit Atembeschwerden von hohem therapeutischen Wert, da die Luftröhre gestreckt und somit die Atmung erleichtert wird. Zudem hilft die Übung bei Verspannungen im Nackenbereich sowie als Ausgleich nach Kerze oder Pflug.

Abb. 64

## Rückwärtsbogen (Uttana Mayurasana)

### I. Wofür die Übung gut ist:

Der Rückwärtsbogen

- reguliert die Schilddrüsenfunktion
- dehnt und festigt die Schenkel, Hüft- und Bauchmuskulatur
- stimuliert Drüsen und Unterleibsorgane
- macht die Wirbelsäule biegsam
- verbessert die Körperhaltung

### II. Ausführung:

**1.** Legen Sie sich auf den Rücken, winkeln Sie die Beine an, bis die Füße ganz nahe am Gesäß sind, spreizen Sie ein wenig die Füße und drehen Sie die Zehen etwas nach innen. **(Abb. 65)**

**2.** Atmen Sie ein und wieder aus und drücken Sie dabei den Rücken auf den Boden.

**3.** Atmen Sie ein und drücken Sie langsam das Steißbein nach oben, indem Sie die Gesäßmuskeln anspannen. Biegen Sie dadurch den Rücken so weit durch wie Sie können.

**4.** Strecken Sie den Nacken und drücken Sie das Kinn gegen die Brust. Falten Sie Ihre Hände unter dem Rücken. **(Abb. 66)**

**5.** Das Gewicht wird von den Schultern und den Füßen getragen.

**6.** Bleiben Sie 5–30 Sekunden lang in dieser Stellung.

**7.** Atmen Sie aus, kommen Sie wieder in die Ausgangsstellung zurück und strecken Sie die Beine aus. Wiederholen Sie die Übung.

**8.** Machen Sie anschließend die „Stellung des Kindes“ (Zusammengerolltes Blatt) oder die Sitzender Held Entspannung.

Abb. 65

### III. So ist es richtig:

Das Einatmen hilft Ihnen beim Hochdrücken des Körpers.
Ziehen Sie den Bauch ein, als wollten Sie mit dem Nacken Ihr Rückgrat berühren und spannen Sie die Gesäßmuskeln an, wenn Sie ein Ziehen im Rücken spüren. Treten hierbei Schmerzen auf, sollten Sie einen Rückenspezialisten oder Chiropraktiker konsultieren. Machen Sie diese Übung regelmäßig, wenn Sie Probleme mit der Schilddrüse haben. Manche Schilddrüsenpatienten konnten nach einiger Zeit des Trainings sogar ihre Medikamentendosis herabsetzen (beraten Sie sich dabei auf jeden Fall mit Ihrem Arzt).

Abb. 66

## Heuschrecke (Salabhasana)

### I. Wofür die Übung gut ist:

Die Heuschrecke

- wirkt sich auf Bandscheibenschäden positiv aus
- strafft das Gesäß
- baut Fettpolster an den Hüften ab
- fördert die Verdauung
- wirkt sich positiv auf Blase und Geschlechtsdrüsen aus
- dehnt die Wirbelsäule und macht sie biegsamer
- lindert Schmerzen in der Kreuzbein- und Lendengegend
- festigt und strafft die Bauchmuskeln

### II. Ausführung:

**1.** Legen Sie sich auf den Bauch und strecken Sie die Arme nach vorn. Die Handflächen zeigen nach unten. Die Beine sind geschlossen, das Gewicht des Kopfes ruht auf dem Kinn.
**2.** Spannen Sie die Gesäßmuskeln an und heben Sie die Arme parallel zueinander hoch.
**3.** Atmen Sie ein und heben Sie gleichzeitig Kopf, Oberkörper und Beine so hoch Sie können. **(Abb. 67)**
**4.** Atmen Sie normal und bleiben Sie 5–30 Sekunden in dieser Stellung.
**5.** Atmen Sie aus und entspannen Sie sich. Wiederholen Sie die Übung.

### Variante 1:

**1.** Legen Sie sich auf den Bauch, die Arme liegen neben dem Körper, die Handflächen zeigen nach oben.
**2.** Führen Sie Schritt 2–5 wie eben aus. Halten Sie die Arme parallel zum Boden. **(Abb. 68)**

### Variante 2:

Legen Sie sich auf den Bauch, die Arme liegen unter Ihrem Körper, die Hände sind zur Faust geballt. Die Daumen zeigen nach hinten. Atmen Sie ein und heben Sie ein Bein so weit wie möglich hoch. Ihr Kinn drückt gegen den Boden. **(Abb. 69)**
Atmen Sie normal und bleiben Sie 5–30 Sekunden in dieser Stellung. Sie können auch beide Beine gleichzeitig anheben.
Atmen Sie dabei aus.

### III. So ist es richtig:

Achten sie darauf, dass die Beine geschlossen und die Zehen gestreckt sind, da die Übung dann umso wirkungsvoller ist.
Strecken Sie sich so, als würden Sie an Händen und Füßen auseinander gezogen.
Richten Sie Ihren Blick auf einen Punkt vor Ihnen.
Der Atem hilft Ihnen höher zu kommen.
Für ältere Menschen oder für jemanden mit Rückenbeschwerden ist die Heuschrecke eine sichere und wirkungsvolle Übung, da man dabei gegen die Schwerkraft angeht und sich somit nicht überanstrengen kann.

Abb. 67

Abb. 68

Abb. 69

# Eindrehübungen

## Einfache Twists (Ardha Matsyendrasana)

### I. Wofür die Übung gut ist:

Einfache Twists

- machen die Taille schlank
- machen die Hüftgelenke beweglich
- massieren die Unterleibsorgane und fördern so die Verdauung
- machen die Wirbelsäule beweglicher und haben dadurch eine beruhigende Wirkung auf das Nervensystem
- renken Wirbel wieder ein und lösen Verspannungen
- kräftigen Muskeln und machen eine gute Figur
- lindern Kopf- und Rückenschmerzen

### II. Ausführung:

### Variante 1: Twist gegen die Wand

**1.** Knien Sie sich seitlich etwa 30 Zentimeter so vor einer Wand hin, dass die rechte Hüfte zur Wand zeigt.

**2.** Schieben Sie Ihre Hüfte nah an die Wand und setzen Sie sich auf den Boden. Die Knie zeigen nun nach links, der äußere (linke) Fuß ruht auf der Fußsohle des inneren (rechten) Fußes, beide Füße zeigen nach hinten. (Ist Ihnen dies zu unbequem, setzen Sie sich auf eine vierfach gefaltete Decke, ein Schaumstoffkissen oder etwas Ähnliches.)

Abb. 70

**3.** Atmen Sie aus, drehen Sie Ihren Körper zur Wand und stemmen Sie die Hände (diese sollten etwa 60 Zentimeter auseinander sein) gegen die Wand. **(Abb. 70)**

**4.** Richten Sie Ihren Oberkörper auf, drücken Sie mit beiden Händen, vor allem der rechten, gegen die Wand und drehen Sie Ihren Oberkörper, die Taille und die Hüfte so weit Sie können. Wenden Sie den Kopf und Ihren Blick ebenfalls nach rechts.

**5.** Bleiben Sie 5–30 Sekunden in dieser Haltung. Wiederholen Sie die Übung mit der anderen Körperseite. **(Abb. 71)**

Abb. 71

Abb. 72

## Variante 2: Twist auf einem Stuhl

**1.** Setzen Sie sich normal auf einen Stuhl, wenn Armlehnen vorhanden sind. Wenn nicht, dann seitlich auf die Sitzfläche.

**2.** Dehnen und strecken Sie Ihre Wirbelsäule.

**3.** Drehen Sie sich nach rechts, halten Sie sich an der Rückenlehne fest und drehen Sie Hals und Kopf so weit nach rechts, wie Sie können. Benutzen Sie die Hände als Hebel. **(Abb. 72)**

**4.** Halten Sie die Stellung 5–30 Sekunden lang. Wiederholen Sie die Übung zur anderen Seite hin. **(Abb. 73)**

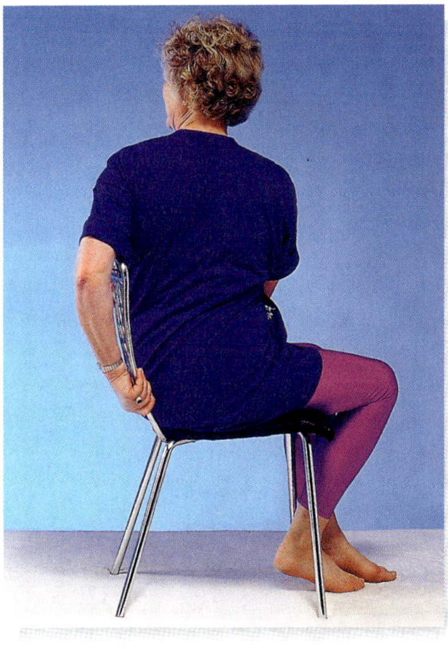

Abb. 73

## Variante 3: Twist im Stehen

**1.** Stellen Sie sich seitlich so neben die Küchentheke, dass Ihre linke Hüfte die Kante berührt.

**2.** Legen Sie Ihr linkes Bein auf einen hohen Hocker oder Stuhl und verlagern Sie Ihr Gewicht darauf. Verteilen Sie dann das Gewicht gleichmäßig auf beide Beine.

**3.** Dehnen und strecken Sie Ihre Wirbelsäule, drehen Sie sich nach links zur Theke hin und ergreifen Sie mit den Händen (etwa 60 Zentimeter auseinander) die Kanten. **(Abb. 74)**

**4.** Atmen Sie aus und drehen Sie Ihre Hüfte, Taille und Brust nach links. Halten Sie diese Stellung 5–30 Sekunden lang. Wiederholen Sie die Übung mit der anderen Körperseite.

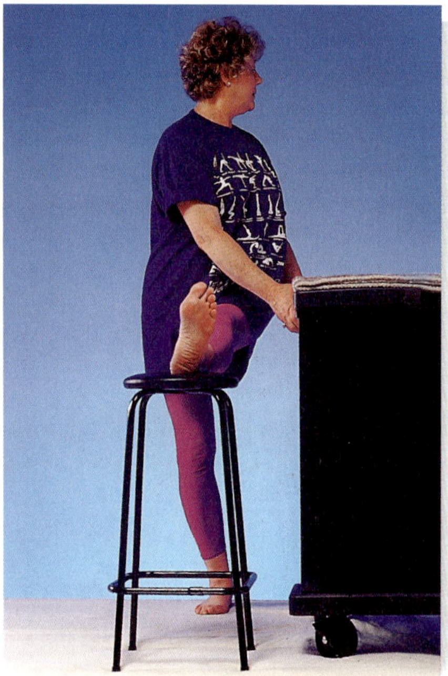

Abb. 74

## Variante 4: Gestreckter Bein-Twist

**1.** Stellen Sie sich in Berg-Haltung etwa 1 Meter oder Ihre Beinlänge entfernt vor die Küchentheke oder eine Fensterbank.

**2.** Legen Sie die Ferse des rechten Fußes auf die Theke.
Die Knie sind gut durchgedrückt, der linke Fuß zeigt nach vorn, die Zehen des rechten Fußes sind nach oben gerichtet.

**3.** Strecken Sie das rechte Bein durch, richten Sie den Oberkörper auf und ziehen Sie die Schultern etwas herunter.

**4.** Legen Sie Ihre rechte Hand auf den Rücken, der Daumen zeigt dabei nach oben.

Abb. 75

**5.** Legen Sie die linke Hand mit der Handfläche auf die Außenseite des rechten Beines, etwa in Kniehöhe.
**6.** Drehen Sie den Oberkörper und den Kopf so weit sie können nach rechts. **(Abb. 75)**
**7.** Halten Sie die Stellung 5–30 Sekunden lang, atmen Sie gleichmäßig.
Wiederholen Sie die Übung zur anderen Seite hin.

## Variante 5: Erweiterter Bein-Twist

**1.** Machen Sie Schritt 1–3 wie bei Variante 4; zuerst mit dem linken Bein.
**4.** Drehen Sie sich mit dem Körper und dem rechten Fuß nach außen, sodass der Fuß im rechten Winkel zur Küchentheke steht.
**5.** Legen Sie die rechte Hand auf den Rücken, der Daumen zeigt nach oben. Legen Sie die linke Hand mit dem Handrücken gegen die Innenseite des linken Beines.
**6.** Atmen Sie aus und drehen Sie Kopf, Augen und Oberkörper nach rechts.
**7.** Halten Sie die Stellung 5–30 Sekunden lang und atmen Sie dabei gleichmäßig. **(Abb. 76)**
Wiederholen Sie auch diese Übung mit dem anderen Bein.

Abb. 76

## III. So ist es richtig:

Drehen und wenden Sie sich so lange, bis die Stellung für Sie bequem ist.
Dehnen und strecken Sie vor dem Drehen den Oberkörper.
Dehnen Sie Kopf und Hals so weit zur Seite wie Sie können.
Bei allen Twists sollten die Schultern parallel zum Boden sein.

## Beinüberschlag (Jatara Parivartanasana)

Abb. 77

Abb. 78

### I. Wofür die Übung gut ist:

Der Beinüberschlag

- massiert und stimuliert Leber, Milz und Bauchspeicheldrüse
- fördert die Verdauung und verschafft Erleichterung bei Gastritis (Magenschleimhautentzündung)
- kräftigt und festigt die Unterleibsorgane
- baut Verspannungen und Verkrampfungen in den Hüften und im unteren Teil des Rückens ab

### II. Ausführung:

**1.** Legen Sie sich auf den Rücken. Die Arme sind zur Seite gestreckt, die Handflächen zeigen nach unten.
**2.** Atmen Sie aus, winkeln Sie Ihre Knie an, bis die Fußsohlen ganz auf dem Boden stehen und lassen Sie sie dann soweit nach links sinken, wie Sie können. Die Füße bleiben dabei fest geschlossen.
**3.** Achten Sie darauf, dass Sie die Knie nur so weit senken, dass die rechte Schulter auf dem Boden bleibt.
**4.** Drehen Sie gleichzeitig den Kopf nach rechts. **(Abb. 77)**
**5.** Bleiben Sie 5–30 Sekunden in dieser Haltung und atmen Sie dabei gleichmäßig.
**6.** Atmen Sie aus und richten Sie Ihre Knie wieder auf.
**7.** Heben Sie den Rücken an, um leicht nach rechts zu rutschen, damit die Wirbelsäule wieder in eine gerade Haltung kommt.
Rutschen Sie nach links, wenn Sie die Knie auf die linke Seite gesenkt hatten. Wiederholen Sie die Übung zur anderen Seite hin und dann das Ganze noch mal.

## Variante:

**1.** Legen Sie sich mit ausgestreckten Armen auf den Boden. Die Handflächen zeigen nach unten.
**2.** Ziehen Sie Ihre Knie bis zum Bauch hoch.
**3.** Atmen Sie aus und versuchen Sie mit den Knien links den Boden zu berühren beziehungsweise so weit zu kommen wie möglich, ohne dass die rechte Schulter sich vom Boden hebt. **(Abb. 78)**
**4.** Drehen Sie gleichzeitig den Kopf nach rechts.
**5.** Bleiben Sie 5–30 Sekunden in dieser Stellung und atmen Sie gleichmäßig.
**6.** Atmen Sie aus und richten Sie die Knie wieder auf. Strecken Sie die Beine aus und entspannen Sie sich. Wiederholen Sie die Übung auf beiden Seiten zweimal.

## III. So ist es richtig:

Achten Sie darauf, dass die Arme in einem 90°-Winkel zum Oberkörper ausgestreckt sind. Halten Sie in der Bewegung der Beine inne, wenn eine Schulter sich vom Boden abhebt. Drehen Sie den Kopf immer in die entgegengesetzte Richtung der Beine.

## Weitere Varianten:

Legen Sie sich wie bei den vorhergehenden Übungen auf den Rücken, die Arme sind zur Seite gestreckt, die Handflächen zeigen nach unten.
**1.** Stellen Sie Ihren rechten Fuß auf das linke Knie und versuchen Sie dann das rechte Knie links auf den Boden zu legen. **(Abb. 79)**
**2.** Bringen Sie Ihre rechte Ferse auf Ihren linken Fuß.
**3.** Heben Sie Ihr durchgedrücktes rechtes Bein senkrecht nach oben. Führen Sie es nach links über den Körper hinweg und versuchen Sie mit dem Fuß den Boden zu berühren. Drehen Sie den Kopf nach rechts. Verharren Sie so für ein paar Sekunden. Heben Sie Ihr Bein langsam wieder hoch und bringen Sie es in die Ausgangslage zurück. **(Abb. 80)**

Abb. 79

Abb. 80

# Umgekehrte Übungen

## Kerze (Sarvangasana)

### I. Wofür die Übung gut ist:

Die Kerze

- wirkt sich positiv auf den gesamten Organismus aus
- verbessert die Durchblutung des Gehirns, der Wirbelsäule und der Beckengegend, die normalerweise durch unsere aufrechte Körperhaltung nur unzulänglich mit frischem, sauerstoffreichem Blut versorgt werden
- presst das Kinn gegen die Schilddrüse, die dadurch stimuliert wird, und hilft bei der Gewichtsabnahme
- wirkt stärkend und beruhigend auf das Zentralnervensystem, baut Stress ab und fördert den Schlaf
- regt die Produktion der Hormondrüsen an
- lindert durch die verbesserte Durchblutung von Hals und Brustraum Krankheiten und Beschwerden wie Herzklopfen, Kurzatmigkeit, Bronchitis, Rachenbeschwerden und Asthma
- nimmt durch die Umkehrhaltung den Druck von den Unterleibsorganen, was wiederum die Verdauung fördert und neue Energie verleiht
- hilft bei Harnwegsproblemen, Menstruationsbeschwerden und Hämorrhoiden
- hilft bei Krampfadern und schmerzenden Beinen
- entspannt den gesamten Körper
- wirkt anregend auf die Geschlechtsdrüsen und -organe
- dehnt die Wirbelsäule
- kräftigt und festigt die Rücken-, Bein-, Hals- und Bauchmuskulatur

Abb. 81

### II. Ausführung:

**1.** Legen Sie sich mit ausgestreckten Beinen auf den Rücken und die Hände mit den Handflächen nach unten neben den Körper. Legen Sie ein Schaumstoffpolster oder eine vierfach gefaltete Decke unter Schultern und Nacken. Der Kopf sollte hinter der Decke auf dem Boden liegen.

**2.** Atmen Sie aus, spannen Sie die Bauch- und Beinmuskeln an und heben Sie langsam die Beine hoch, bis sie einen rechten Winkel zum Boden bilden.

**3.** Stützen Sie sich dabei auf Ihre Hände. Formen Sie mit den Fingern ein Zelt. **(Abb. 81, 82)**

**4.** Atmen Sie aus, heben Sie das Gesäß und den unteren Teil des Rückens hoch. Stützen Sie sich dabei mit den Händen in der Taille ab, so dass die Daumen auf dem Bauch zu liegen kommen. Die Ellbogen dürfen nicht abgespreizt werden. **(Abb. 83)**

**5.** Strecken Sie die Beine kerzengerade aus und ziehen Sie das Gesäß so weit ein, dass Sie gerade noch das Gleichgewicht halten können.

**6.** Haben Sie ein stabiles Gleichgewicht erreicht, stützen Sie sich mit den Händen weiter oben an den Rippen ab und ziehen Sie das Gesäß noch weiter ein.

**7.** Strecken Sie die Beine und die Zehenspitzen nach oben. Bleiben Sie 10–60 Sekunden in dieser Stellung (als Anfänger). Steigern Sie sich allmählich bis zu 3 Minuten. Atmen Sie dabei normal.

**8.** Sie können sich auch an einer Wand oder einem Tisch abstützen.

Abb. 82

Abb. 83

## III. So ist es richtig:

Haben Sie Geduld mit sich. Das Wichtigste ist, dass Sie überhaupt hochgekommen sind, selbst wenn Sie sich nicht kerzengerade gehalten haben.
Es ist nicht schlimm, wenn Ihnen anfangs etwas schwindlig wird, sondern ganz normal, da sich die Blutgefäße auf einen Schlag weiten.
Die Kerze ist nicht zu empfehlen bei Herzproblemen, zu hohem Blutdruck oder während der Menstruation.
Das Sanskritwort „Sarvang" wird übersetzt mit „alle Teile", das bedeutet, dass die Kerze (Sarvangasana) eine der besten Übungen ist, da alle Teile des Körpers von dieser Stellung profitieren. Ich persönlich mache jeden Tag die Kerze und ich vermisse die positive Wirkung, wenn ich es einmal nicht tue. Es ist wirklich angenehm, dass es eine Übung gibt, die so viele Vorteile mit sich bringt.

## Kopfstand (Vorübung) (Salamba Shirshasana)

### I. Wofür die Übung gut ist:

Durch die Umkehrung der normalen, aufrechten Haltung unseres Körpers hat der Kopfstand folgende positive Auswirkungen:

- die Blutzirkulation in Gehirn, Herz, Becken und Wirbelsäule wird angeregt
- durch Balancieren und die verbesserte Durchblutung wird das Nervensystem positiv beeinflusst
- Unterleibsorgane werden wieder in ihre richtige Lage gezogen
- die Bauchmuskeln werden gefestigt und kräftiger
- die Nasennebenhöhlensekrete können nach unten fließen
- die Funktion von endokrinen Drüsen wie Hypophyse und Zirbeldrüse wird angeregt
- er verleiht neue Energie und Vitalität
- er kräftigt die Lungen
- Verdauung und Ausscheidung werden verbessert
- Beschwerden und Krankheiten wie Schlaflosigkeit, Erkältungen, Halsschmerzen, Herzklopfen, Kopfschmerzen, Asthma und Krampfadern werden gemildert beziehungsweise beseitigt

### II. Ausführung:

**1.** Achten Sie darauf, dass Sie die richtige Unterlage für Ihren Kopf nehmen, zum Beispiel einen Teppich mit Filzunterlage oder eine vierfach gefaltete Decke. Legen Sie diese in eine Ecke des Zimmers.

**2.** Knien Sie sich auf den Teppich oder vor die Decke, Ihr Gesäß ruht dabei auf den Fersen.

**3.** Verschränken Sie Ihre Finger und legen Sie die Unterarme auf den Boden. Die Ellbogen dürfen nur etwa schulterbreit voneinander entfernt sein (Sie können dies nachprüfen, indem Sie die „V's", die Zeigefinger und Daumen bilden, in die Beuge beider Ellbogen legen.) **(Abb. 84)**

Abb. 84

Abb. 85

**4.** Setzen Sie den Kopf mit der ganzen Scheitelfläche auf den Boden. Die Hände werden hinter dem Kopf gefaltet.
**5.** Ziehen Sie dann die gefalteten Hände an die Rückseite des Kopfes; die kleinen Finger liegen nun unter der Rundung des Kopfes. **(Abb. 85)**
**6.** Heben Sie Ihr Gesäß hoch, drücken Sie die Beine durch und tippeln Sie langsam auf Zehenspitzen in Richtung Kopf. Dadurch wird der Rücken fast gerade. **(Abb. 86)**
**7.** Wenn Sie nicht mehr weiterkönnen, bleiben Sie so lange in der Stellung, bis sie unbequem wird. Gehen Sie dann wieder langsam in die Ausgangsstellung zurück.
**8.** Entspannen Sie sich mit nach unten hängendem Kopf.
**9.** Wiederholen Sie die Übung noch zweimal oder so oft Sie wollen, um ein Gefühl dafür zu entwickeln, wie Sie am besten das Gleichgewicht halten können.

Abb. 86

**10.** Nur wenn Ihr Bauch und Rücken stark genug geworden sind, dürfen Sie die Beine heben, aber ohne sich vom Boden abzustoßen. Fangen Sie erst einmal in einer Zimmerecke damit an.

## III. So ist es richtig:

Diese Übung sollte nicht bei Herzbeschwerden, Bluthochdruck oder während der Menstruation gemacht werden.
Hören Sie sofort auf, wenn Sie im Nacken, Kopf, in Augen oder Ohren einen Druck verspüren. Verschränken Sie Ihre Finger ganz fest (nehmen Sie vorher Ihre Ringe ab), damit Sie nicht abrutschen oder die Arme überanstrengen.
Die Ellbogen dürfen nicht abgespreizt sein oder gegen den Kopf gepresst werden. Um perfekten Halt geben zu können, müssen sie schulterbreit auseinander liegen.

Abb. 87

Setzen Sie den Scheitel (die Kopfmitte) auf den Boden. Mit etwas Übung werden Sie bald 5–30 Minuten lang einen Kopfstand machen können. Legen Sie nicht den Hinterkopf in die Handflächen, sondern ziehen Sie die Hände an den Hinterkopf heran. Schieben Sie sie dort ein wenig hin und her, bis es angenehm für Sie ist. Drücken Sie die Knie gut durch, damit der Rücken gerade wird.
Stoßen Sie sich keinesfalls mit den Zehen vom Boden ab, um mit den Beinen hochzukommen. Bevor sich die Zehenspitzen nicht mühelos vom Boden lösen lassen, sind Sie noch nicht so weit, dass Sie die Beine hochheben können. Selbst wenn es so weit ist, sollten Sie erst die Knie zur Brust ziehen und in dieser Stellung eine Weile verharren, um die Balance zu üben. **(Abb. 87)** Der schwierigste Teil beim Kopfstand ist das Ausstrecken der Beine. **(Abb. 88)** Gehen Sie langsam vor und üben Sie sich in Geduld. Der Kopfstand ist eine der schwierigsten Übungen im Yoga – man benötigt Zeit, Kraft, Beweglichkeit und ein gutes Gleichgewichtsgefühl, um ihn auszuführen. Diese Voraussetzungen müssen also zuerst geschaffen werden. Die Vorübung wird Sie in jeder Hinsicht auf den Kopfstand vorbereiten, ist aber bereits für sich eine sehr gute Übung.
Wenn Sie Probleme mit dem Kopfstand haben, eignen sich die Gespreizte Beinhaltung im Stehen, die Hundestreckung oder der Pflug sehr gut als Ersatz.
Fragen Sie Ihren Arzt, ob diese Übung für Sie geeignet ist.

Abb. 88

# Pflug (Halasana)

## I. Wofür die Übung gut ist:

Der Pflug

- macht die Wirbelsäule elastisch
- stimuliert die Schilddrüse
- kräftigt und festigt die Bauchmuskulatur
- festigt Schenkel und Hüften und macht sie schlanker
- lindert tiefsitzende Verspannungen und Kopfschmerzen
- kräftigt das Nervensystem
- verbessert die Durchblutung
- massiert Leber, Milz, Bauchspeicheldrüse und Nieren
- verhilft zu neuer Energie
- stärkt die Nackenmuskeln
- entspannt den Geist

## II. Ausführung:

**1.** Legen Sie sich mit gestreckten Beinen auf den Rücken, die Arme mit den Handflächen nach unten neben sich. Legen Sie eine vierfach gefaltete Decke unter Nacken und Schultern, aber nicht unter den Kopf.

**2.** Atmen Sie aus, winkeln Sie die Beine an und ziehen Sie die Knie zur Brust hoch. Strecken Sie dann die Beine nach oben, bis sie einen senkrechten Winkel zum Boden bilden.

**3.** Formen Sie mit den Fingern ein Zelt, stützen Sie sich mit den Händen ab und heben Sie Ihr Gesäß sowie den unteren Rücken hoch. **(Abb. 89)**

**4.** Strecken Sie die Beine über Ihren Kopf, knicken Sie in der Hüfte ab und

Abb. 89

versuchen Sie mit den Füßen den Boden zu erreichen. Lassen Sie dabei die Knie durchgedrückt. **(Abb. 90)**

**5.** Halten Sie diese Stellung solange es Ihnen angenehm ist, selbst wenn Ihre Füße sich nicht einmal in der Nähe des Bodens befinden.

Sie können die Füße auch auf einen Stuhl beziehungsweise ein Schaumstoffpolster hinter Ihrem Kopf legen. **(Abb. 91)**

**6.** Atmen Sie während der ganzen Übung so normal wie möglich.

**7.** Atmen Sie aus und kommen Sie langsam mit angewinkelten Knien wieder aus dieser Haltung heraus.

## III. So ist es richtig:

Lassen Sie sich nicht entmutigen, wenn Sie mit dem Gesäß gerade mal ein paar Zentimeter vom Boden hochkommen. Gehen Sie nur so weit, wie Sie können, halten Sie diese Stellung und wiederholen Sie das Ganze ein paarmal. Das Verharren in dieser Stellung kräftigt die Muskeln und bereitet sie auf die eigentliche Übung vor.

Lassen Sie während der ganzen Übung die Knie durchgedrückt.

Heben Sie nicht den Kopf, während Sie die Beine senken.

Atmen Sie so normal wie möglich. Im Laufe der Zeit wird Ihnen das leichter fallen.

Nehmen Sie Ihre Hände zu Hilfe, um den Rücken in die richtige Lage zu bringen. Legen Sie Ihre Beine auf eine niedrige Bank hinter Ihrem Kopf, wenn Sie anfangs Probleme mit der Atmung haben. Dies wird mit der Zeit besser, sobald Sie mit der Übung vertraut werden.

Sie werden erstaunt sein, wie schnell Sie beim Pflug Fortschritte machen werden. Selbst ältere Menschen können bereits nach relativ kurzer Zeit mit den Zehen den Boden berühren.

Diese Übung entspannt und dehnt die Wirbelsäule, die jahrelang durch falsche Haltung unnatürlich zusammengepresst wurde und verschafft einem ein Gefühl der Erleichterung.

Abb. 90

Abb. 91

# Gleichgewichtsübungen

## Baum (Vrksasana)

### I. Wofür die Übung gut ist:

Der Baum

- fördert die Durchblutung der unteren Extremitäten
- verhilft zu einer graziöseren Haltung, da das Gleichgewichtsgefühl ausgeprägter wird
- verbessert die gesamte Körperhaltung, da der Körper bei dieser Übung absolut gerade gehalten werden muss, um das Gleichgewicht besser halten zu können
- kräftigt die Beinmuskulatur

Abb. 92

### II. Ausführung:

**1.** Stellen Sie sich mit geschlossenen Beinen und herabhängenden Armen hin (auf dem Boden sollte kein Teppich liegen).

**2.** Ziehen Sie das rechte Bein an und legen Sie die Fußsohle auf die Innenseite des linken Oberschenkels. Nehmen Sie, falls nötig, die Arme dabei zu Hilfe.

**3.** Die Ferse sollte so nah wie möglich beim Schritt liegen. Lassen Sie den Fuß dort und drehen Sie das Knie nach außen. **(Abb. 92)**

**4.** Atmen Sie ein und heben Sie die Arme über den Kopf und legen Sie die Handflächen aneinander. Konzentrieren Sie sich auf einen Punkt vor Ihnen. **(Abb. 93)**

**5.** Behalten Sie diese Stellung so lange bei, wie Sie das Gleichgewicht halten können und atmen Sie dabei tief ein und aus.

**6.** Atmen Sie aus und stellen Sie das Bein wieder auf den Boden, senken Sie den Kopf und entspannen Sie sich.

**7.** Wiederholen Sie die Übung mit dem linken Bein.

**8.** Wiederholen Sie die Übung zweimal mit beiden Beinen.

### III. So ist es richtig:

Legen Sie anfangs den Fuß halb auf die Vorderseite des Schenkels. Das verschafft Ihnen einen besseren Halt und der Fuß gleitet nicht so schnell ab. Üben Sie das Gleichgewichthalten, indem Sie die Arme nach beiden Seiten ausstrecken.

Kommen Sie langsam aus dem Baum wieder heraus.
Der Gleichgewichtssinn bedarf wie die Muskeln einiger Übung, um richtig zu funktionieren, doch stellen sich hier schneller Fortschritte ein. Machen Sie diese Gleichgewichtsübung so oft Sie können, etwa beim Telefonieren.

Abb. 93

## Balancestreckung auf dem Boden (Paripurna Nauasana)

Abb. 94

Abb. 95

### I. Wofür die Übung gut ist:

Die Balancestreckung auf dem Boden

- baut Fettpölsterchen an der Hüfte ab
- lindert Magenbeschwerden und hilft bei Blähungen
- wirkt sich positiv auf die Nieren aus
- verbessert die Haltung und macht die Bewegungen graziöser
- kräftigt den unteren Rückenbereich
- Variante 1 lindert starke Rückenschmerzen

### II. Ausführung:

**1.** Setzen Sie sich mit ausgestreckten Beinen auf das Steißbein. Die Hände liegen neben der Hüfte und zeigen nach vorn.
**2.** Atmen Sie aus, halten Sie den Rücken gerade. Winkeln Sie die Ellbogen an und lehnen Sie sich leicht zurück.
**3.** Beugen Sie die Knie, bis die Fersen das Gesäß berühren.
**4.** Strecken Sie nun die Beine aus, konzentrieren Sie sich und versuchen Sie, die Beine auf Kopfhöhe zu heben. **(Abb. 94)**
**5.** Wenn Sie die Balance gefunden haben, heben Sie die Hände, bis sie sich parallel zum Boden befinden. Die Handflächen zeigen zum Boden. **(Abb. 95)**
**6.** Halten Sie diese Stellung solange Sie können oder 10–30 Sekunden.
**7.** Der Atemrhythmus sollte wie folgt sein. Einatmen, ausatmen, Atem kurz anhalten, einatmen und so weiter.
**8.** Atmen Sie aus, lassen Sie die Beine sinken und entspannen Sie sich.

## Variante 1:

**1.** Setzen Sie sich mit ausgestreckten Beinen auf das Steißbein.
**2.** Winkeln Sie die Knie an, ziehen Sie die Fersen nah an den Körper heran und umschließen Sie die Zehen mit den Fingern.
**3.** Heben Sie langsam die Füße ein paar Zentimeter hoch und suchen Sie das Gleichgewicht.
**4.** Atmen Sie aus, konzentrieren Sie sich und strecken Sie langsam die Beine aus, bis die Füße sich oberhalb des Kopfes befinden. **(Abb. 96)**
**5.** Halten Sie bei normaler Atmung diese Stellung so lange Sie das Gleichgewicht halten können.
**6.** Atmen Sie aus, lassen Sie die Beine sinken und entspannen Sie sich.

## Variante 2:

**1.** Führen Sie Schritt 1–4 wie oben aus.
**5.** Spreizen Sie nun langsam die Beine so weit wie möglich und suchen Sie das Gleichgewicht. **(Abb. 97)**

## III. So ist es richtig:

Suchen Sie den Balancepunkt, indem Sie vor der eigentlichen Übung die Füße ein paar Zentimeter hochheben. Halten Sie die Beine zunächst in der Nähe der Knie fest, damit Sie einen Halt haben.
Konzentrieren Sie sich auf das Gleichgewichthalten; dabei ist es hilfreich, sich auf einen bestimmten Punkt vor einem zu konzentrieren.
Lassen Sie sich nicht entmutigen, wenn Sie anfangs öfter auf den Rücken rollen. Machen Sie zusätzlich einige Gleichgewichtsübungen und Übungen, die den Rücken kräftigen.

Abb. 96

Abb. 97

Die Balancestreckung im Sitzen ist eine Übung, die für Menschen jeglichen Alters geeignet ist. Mit der richtigen Atmung übt sie sowohl eine positive Wirkung auf die Bauchmuskeln als auch auf die inneren Organe aus und kräftigt gleichzeitig den Rücken.
Schon nach kurzer Zeit werden Sie in der Lage sein, in diese Stellung mit einer fließenden Bewegung hineinzugelangen.

# Leichte Übungen

## Knöchelbeuge

### I. Wofür die Übung gut ist:

Die Knöchelbeuge
- hilft bei geschwollenen Knöcheln und Füßen
- kräftigt schwache Knöchel (gut fürs Ski fahren)
- verbessert die Durchblutung und macht müde Beine wieder munter
- macht schöne Beine und Knöchel

Abb. 98

### II. Ausführung:

**1.** Stellen Sie sich aufrecht hin, die Füße stehen nur wenige Zentimeter auseinander.
**2.** Rollen Sie sich auf den Füßen nach rechts ab. (Sie stehen dabei auf der Außenkante des rechten und auf der Innenkante des linken Fußes.) **(Abb. 98)**
**3.** Beugen Sie Ihre Knie nach vorn und zur rechten Seite. Hüfte und Becken bleiben dabei gerade.
**4.** Halten Sie diese Stellung 5 Sekunden oder so lange, bis sie Ihnen unbequem wird.
**5.** Wiederholen Sie die Übung zur anderen Seite hin.
**6.** Heben Sie nun den rechten Fuß, mit den Zehenspitzen nach vorn und lassen Sie ihn um den Knöchel kreisen – zuerst im, dann gegen den Uhrzeigersinn. **(Abb. 99)**
**7.** Wiederholen Sie das Gleiche mit dem anderen Fuß.
**8.** Wiederholen Sie die Übung auf beiden Seiten noch zweimal.

### III. So ist es richtig:

Machen Sie diese Übung regelmäßig, dann wird Ihr Gang jugendlich elastisch bleiben – steife Knöchel gehören zu den ersten merklichen Alterserscheinungen.
Das Becken darf nicht nach rechts oder links gedreht werden, sonst hat die Übung ihren Zweck verfehlt.

Abb. 99

# Blume

## I. Wofür die Übung gut ist:

Die Blume

- lindert Schmerzen bei Arthritis und macht steife Finger beweglicher
- beugt Gelenkverwachsungen vor
- bewahrt Händen ein jugendliches Aussehen
- verbessert die Blutzirkulation
- macht und hält Finger gelenkig, zum Beispiel für Klavier spielen, Tippen, Handarbeiten und so weiter

## II. Ausführung:

**1.** Setzen Sie sich im Schneidersitz bequem hin.
**2.** Ballen Sie Ihre Hände zur Faust und drücken Sie sie dabei ganz fest zusammen. **(Abb. 100)**
**3.** Stellen Sie sich vor, Ihre Hände seien Blumen am frühen Morgen, die sich nun langsam und sanft öffnen. Versuchen Sie dabei einen starken Gegendruck auszuüben. **(Abb. 101)**
**4.** Biegen Sie die Finger ganz durch. **(Abb. 102)**
**5.** Schließen Sie die Hände wieder mit Gegendruck. Der Druck muss so stark sein, dass auf den Handrücken die Sehnen hervortreten.
**6.** Entspannen Sie die Finger, indem Sie sie schnell bewegen oder ausschütteln.
**7.** Spreizen Sie nun Ihre Finger und drücken Sie dann jeden Finger einzeln etwa 2 Sekunden lang kräftig in die Handfläche.
**8.** Wiederholen Sie die gesamte Übung noch zweimal.

Abb. 100

Abb. 101

Abb. 102

## III. So ist es richtig:

Diese Übung ist genauso wirkungsvoll, wenn sie in warmem Wasser oder Öl durchgeführt wird, hat aber den Vorteil, dass Sie weniger Schmerzen dabei haben. Sie ist aus diesem Grund gerade für Menschen mit Arthritis geeignet. Die Übung sorgt überdies für schöne, jugendlich aussehende Hände – denn gerade Hände verraten oft das tatsächliche Alter eines Menschen.

## Löwe (Simhasana)

### I. Wofür die Übung gut ist:

Der Löwe
- entspannt verkrampfte Gesichtsmuskeln
- festigt die Gesichts-, Nacken- und Halsmuskulatur
- verkleinert ein Doppelkinn
- glättet Runzeln und Falten
- verbessert die Durchblutung und sorgt damit für einen frischen Teint

### II. Ausführung:

**1.** Knien Sie sich hin und setzen Sie sich auf die Fersen. Legen Sie die Hände mit den Handflächen nach unten auf die Oberschenkel. **(Abb. 103)**
**2.** Spreizen Sie die Finger und lassen Sie sie langsam nach vorn gleiten, bis die Spitzen den Boden berühren.
**3.** Beugen Sie sich mit dem Oberkörper und durchgestreckten Armen nach vorn, bis das Gesäß sich von den Fersen abhebt.

Abb. 103

Abb. 104

**4.** Reißen Sie Ihre Augen weit auf.
**5.** Strecken Sie die Zunge ganz weit heraus und versuchen Sie damit die Kinnspitze zu berühren. **(Abb. 104)** Machen Sie ein möglichst grimmiges Gesicht.
**6.** Verharren Sie 15 Sekunden lang so.
**7.** Setzen Sie sich wieder auf die Fersen, ziehen Sie die Zunge zurück und entspannen Sie sich richtig.
**8.** Wiederholen Sie die ganze Übung zweimal.

### III. So ist es richtig:

Strecken Sie die Zunge so weit wie möglich heraus.
Lassen Sie sich nicht davon irritieren, dass Sie vermutlich ziemlich komisch aussehen.
Machen Sie diese Übung mit geschlossenen Augen zur Sonne gewandt.
Genießen Sie das herrlich entspannte Gefühl, wenn Sie sich zurücksinken lassen.
Der Löwe sollte für jeden ein Muss sein – er löst Verspannungen und dient als natürliches Schönheitsmittel für die Damen – der Teint wirkt frischer und Fältchen verschwinden. Die Übung ist vor allem dann hilfreich, wenn man auf jemanden wütend ist, da sie Stress abbaut.

## Augenübungen

### I. Wofür die Übung gut ist:

Augenübungen

- entspannen müde und überanstrengte Augen
- kräftigen die Augenmuskeln
- lindern Kopfschmerzen
- sorgen für klare, glänzende Augen
- wirken allgemein entspannend

### II. Ausführung:

**1.** Setzen Sie sich in den Schneidersitz und sehen Sie geradeaus.
**2.** Drehen Sie die Augen so weit wie möglich nach rechts ohne den Kopf dabei zu bewegen. Lassen Sie die Augen 5 Sekunden lang in dieser Stellung. **(Abb. 105)**
**3.** Drehen Sie nun die Augen nach links, auch etwa 5 Sekunden lang. **(Abb. 106)**
**4.** Sehen Sie 5 Sekunden lang nach oben zu Ihren Augenbrauen. **(Abb. 107)**
**5.** Sehen Sie 5 Sekunden lang hinab auf Ihre Nase. **(Abb. 108)**
**6.** Stellen Sie sich eine riesige Uhr vor, bei der sich die Zwölf direkt unter Ihren Augenbrauen und die Sechs auf dem Boden direkt vor Ihnen befindet.
**7.** Sehen Sie nun jeweils eine Sekunde lang die einzelnen Zahlen der imaginären Uhr an, so dass sich Ihre Augen wie ein Sekundenzeiger ruckartig bewegen.
**8.** Wiederholen Sie die Übung gegen den Uhrzeigersinn.
**9.** Reiben Sie Ihre Handflächen kräftig aneinander und bedecken Sie dann 30 Sekunden lang die Augen, um sie zu entspannen. **(Abb. 109)**

Abb. 105

### Varianten:

**1. a)** Sehen Sie aus dem Fenster in die Ferne. Versuchen Sie, ganz weit zu sehen. Verharren Sie eine Weile in dieser Stellung.
**b)** Richten Sie den Blick langsam wieder in die Nähe und schielen Sie auf Ihre Nasenspitze. So bleiben.
**2.** Nehmen Sie Ihre Vorstellungskraft zu Hilfe und beschreiben Sie mit Ihren Augen Halbkreise oder Diagonale.

### III. So ist es richtig:

Machen Sie diese Übung immer dann, wenn Sie sehr müde sind oder Ihre Augen völlig überanstrengt haben, anstatt sie zu reiben wie man es normalerweise tut.
Entspannen Sie Ihre Augen zwischen den einzelnen Übungsteilen, damit sie ausruhen können.
Obwohl die Augen unser wichtigstes Sinnesorgan sind, wird ihre regelrechte Funktion als selbstverständlich hingenommen.

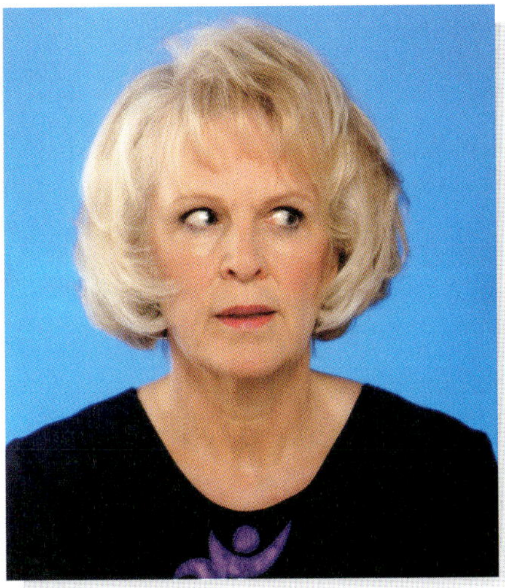

Abb. 106

Abb. 107

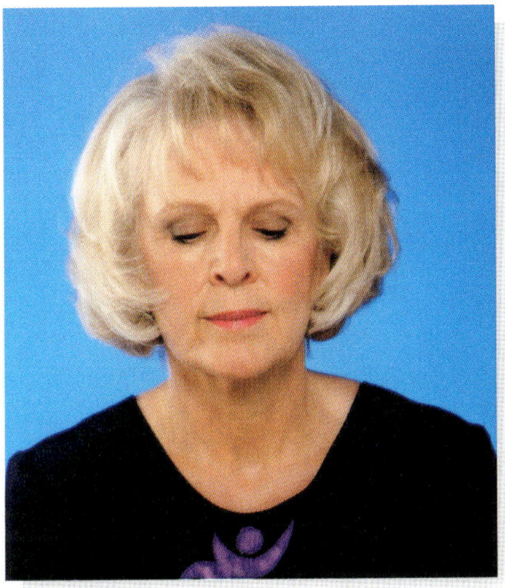

Abb. 108

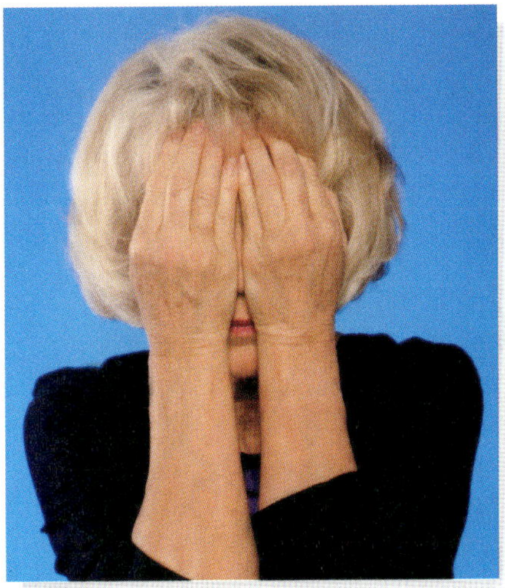

Abb. 109

Vernachlässigen Sie also Ihre Augen nicht.
Durch das Trainieren der Augenmuskeln können überanstrengte Augen beruhigt und die daraus resultierenden Kopfschmerzen deutlich gemildert werden. Diese Übung wirkt allgemein entspannend.

## Nackenrollen

Abb. 110

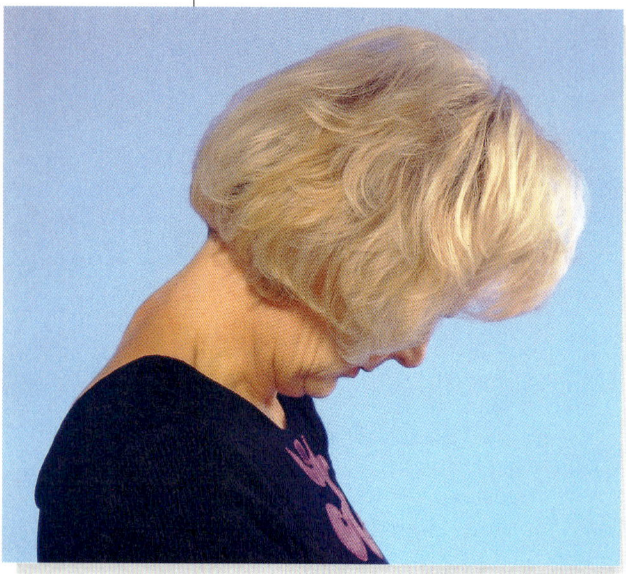

Abb. 111

### I. Wofür die Übung gut ist:

Nackenrollen

- hilft bei tiefsitzenden Verspannungen im Nackenbereich
- verschafft Erleichterung bei einem steifen Nacken und häufig auftretenden Kopfschmerzen
- entspannt den gesamten Körper und hilft dadurch hervorragend gegen Schlaflosigkeit
- verkleinert ein Doppelkinn

### II. Ausführung:

**1.** Setzen Sie sich mit geradem Rücken in den Schneidersitz oder auf einen Stuhl. Der Mund ist geschlossen, die Zähne sind zusammen.
**2.** Neigen Sie Ihren Kopf langsam zur Seite. Sehen Sie dabei hoch. Halten Sie diese Stellung. **(Abb. 110)**
**3.** Lassen Sie den Kopf nun nach vorn gleiten und locker herabhängen. Die Schultern bleiben gerade. Halten Sie diese Stellung. **(Abb. 111)**
**4.** Lassen Sie den Kopf nun locker zur anderen Seite gleiten und sehen Sie nach oben. Halten Sie diese Stellung. Wiederholen Sie die gesamte Übung.
**5.** Lassen Sie Ihren Kopf nun sanft, aber stetig kreisen, als wäre der Hals ausgeleiert und könne ihn nicht mehr halten: erst nach rechts, dann nach vorn, nach links und nach hinten. Sie sollten die Bewegung nicht bewusst steuern; es muss eine kraftlose, kreisende Bewegung sein. Nehmen Sie anfangs Ihre Hände als Stütze. **(Abb. 112)**
**6.** Wenn Sie etwas geübter sind, lassen Sie den Kopf nach hinten hängen und versuchen Sie ihn kreisen zu lassen. **(Abb. 113)**

Abb. 112

## III. So ist es richtig:

Die Übung sollte langsam und vorsichtig ausgeführt werden, so dass der Kopf sanft über die schmerzenden Stellen hinwegkreist.
Das Nackenrollen ist eine hervorragende Übung zur Entspannung und zum Auftanken neuer Energie. Schließen Sie die Augen dabei und spüren Sie wie die Verspannungen immer mehr weichen.
Vermutlich hören Sie anfangs ein Knacken, doch durch regelmäßiges Üben wird dieses Geräusch verschwinden, da die Nackenwirbel „geschmiert" werden. Auch das Gefühl, Nacken und Wirbelsäule seien förmlich „aneinandergeschweißt", gehört zu den ersten Alterserscheinungen.

Abb. 113

## Hand-an-die-Wand-Übung

### I. Wofür die Übung gut ist:

Die Hand-an-die-Wand-Übung

- festigt und formt die Brustmuskulatur
- entwickelt den Busen
- kräftigt Arme und Handgelenke
- löst Verspannungen der Schultern

### II. Ausführung

**1.** Stellen Sie sich aufrecht mit dem Gesicht zur Wand hin. **(Abb. 114)**
**2.** Legen Sie Ihre Handflächen an die Wand. Die Fingerspitzen zeigen zueinander und berühren sich leicht.
**3.** Beugen Sie langsam die Ellbogen. Der Körper bleibt dabei ganz gerade.
**4.** Drücken Sie nun – mehr mit den Handflächen als mit der ganzen Hand – gegen die Wand und lehnen Sie sich langsam nach vorn. Versuchen Sie dabei einen Gegendruck im Körper aufzubauen. Legen Sie langsam die Stirn an die Wand. Achten Sie darauf, dass Sie in der Hüfte nicht abknicken und das Gesäß herausstrecken, sondern dass der Körper gerade bleibt. **(Abb. 115)**
**5.** Bleiben Sie 5–15 Sekunden lang in dieser Haltung und drücken Sie sich dann – wieder mit Gegendruck – mit den Handflächen von der Wand weg.
**6.** Entspannen Sie sich.
Wiederholen Sie die ganze Übung mehrmals.

Abb. 114

Abb. 115

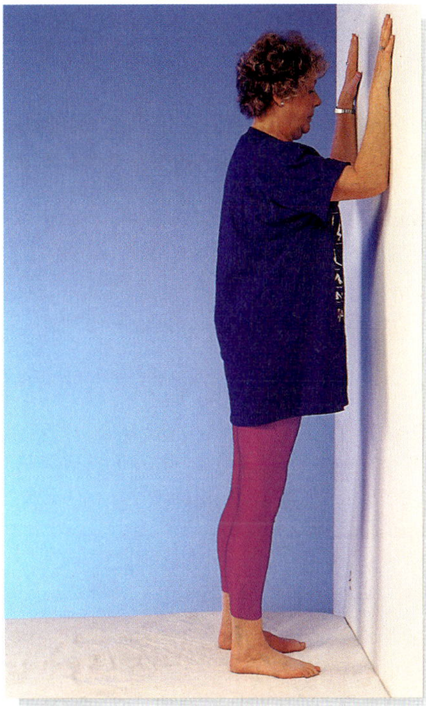

Abb. 116

Abb. 117

### III. So ist es richtig:

Achten Sie darauf, dass der Körper von den Schultern bis zu den Füßen eine absolut gerade Linie bildet, während Sie sich von der Wand auf Armlänge abdrücken.

### Variante:

**1.** Stellen Sie sich eine Oberarmlänge von der Wand weg und legen Sie Ihre Unterarme flach an die Wand. Die Oberarme sind parallel zum Boden. **(Abb. 116)**

**2.** Lassen Sie die Hände wo sie sind, aber gehen Sie so weit zurück, bis Ihre Füße senkrecht unter Ihrer Hüfte stehen.

**3.** Drücken Sie die Hände fest gegen die Wand und strecken Sie Ihr Gesäß raus. Halten Sie die Stellung. Entspannen Sie sich. **(Abb. 117)**

## Haltungsgriff (Gomukhasana)

### I. Wofür die Übung gut ist:

Der Haltungsgriff

- lindert die Schmerzen bei Schleimbeutelentzündung
- verbessert die Körperhaltung, hilft bei abfallenden Schultern
- festigt und kräftigt die Oberarme
- löst Verspannungen in den Schultern
- trainiert die Muskulatur um die Schulterblätter herum und im oberen Rückenbereich
- schmiert die Schultergelenke
- weitet den Brustkorb

### II. Ausführung

**1.** Knien Sie sich hin und setzen Sie sich bequem auf die Fersen zurück oder stellen Sie sich aufrecht hin.
**2.** Bringen Sie Ihre linke Hand mit einer weitausholenden, kreisförmigen Bewegung auf den Rücken (die Handfläche zeigt nach außen).
**3.** Versuchen Sie die Hand so weit wie möglich nach oben zu schieben.
**4.** Nehmen Sie eine Krawatte, einen Schal oder ein Handtuch in die rechte Hand, heben Sie den rechten Arm hoch, winkeln Sie ihn am Ellbogen ab und führen Sie die Hand zum Rückgrat. Diese Stellung wird auch Kuhkopf genannt, da der Ellbogen wie ein Horn absteht. **(Abb. 118)**
**5.** Fassen Sie das Tuch oder die Krawatte mit beiden Händen. Versuchen Sie nun, Ihre beiden Hände zueinander zu bringen. Gehen Sie Stück für Stück mit den Fingern an der Krawatte entlang, wenn irgend möglich, bis sich die Finger beider Hände berühren. **(Abb. 119)**
**6.** Bleiben Sie 10–30 Sekunden lang in dieser Haltung. Versuchen Sie dann, die linke Hand leicht nach unten und die rechte Hand nach oben zu ziehen. **(Abb. 120)**
**7.** Wiederholen Sie die gesamte Übung auf der anderen Seite und noch zweimal auf beiden Seiten.
**8.** Sie werden entdecken, dass eine Seite wesentlich steifer ist als die andere. Konzentrieren Sie sich auf die steifere.
**9.** Beugen Sie sich nach vorn, wenn Sie die Arme noch mehr dehnen möchten, aber erzwingen Sie nichts.
**10.** Stellen Sie sich vor eine Wand und drücken Sie mit dem oberen Arm sanft dagegen, um noch etwas weiter zu kommen. **(Abb. 121)**

### III. So ist es richtig:

Halten Sie Ihren Rücken vollkommen gerade. Dadurch wird die Wirksamkeit dieser Übung erhöht.
Überanstrengen Sie sich nicht, das heißt gehen Sie nur so weit, wie es ohne Schmerzen möglich ist.
Der Haltungsgriff löst Verspannungen schnell; das ist besonders dann hilfreich, wenn Sie die meiste Zeit am Schreibtisch verbringen. Er verbessert die Körperhaltung und gleicht Haltungsschäden aus, was sich wiederum positiv auf Ihr Befinden auswirkt.

Abb. 118

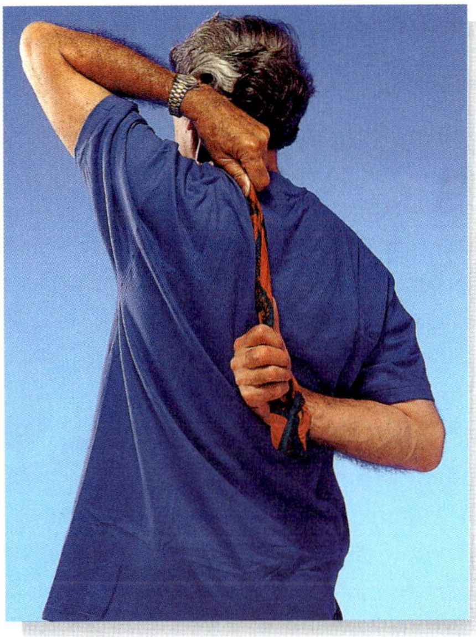

Abb. 119

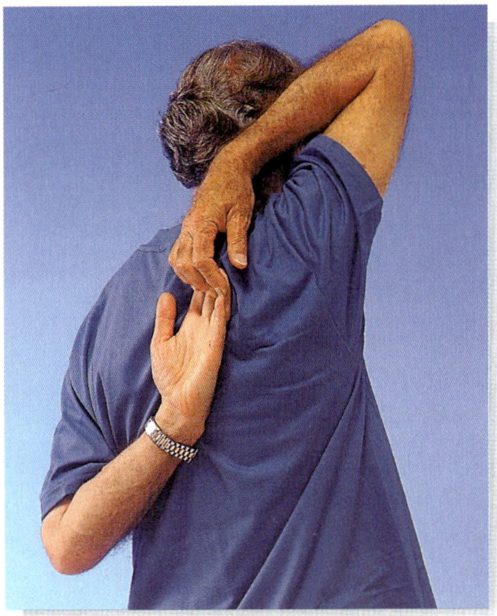

Abb. 120

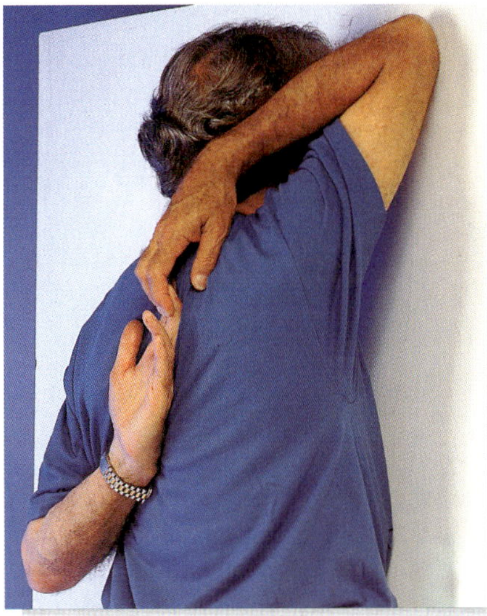

Abb. 121

## Aswini Mudra

### I. Wofür die Übung gut ist:

Aswini Mudra

- hilft bei Hämorrhoiden, Gebärmuttervorfall und Prostatabeschwerden
- hilft bei Menstruationsbeschwerden
- erhöht die sexuelle Befriedigung
- kräftigt die Scheidenmuskeln

### II. Ausführung:

**1.** Setzen Sie sich mit geradem Rücken bequem hin.
**2.** Atmen Sie ein. Spannen Sie beim Einatmen die Muskeln um den Anus herum und die Scheidenmuskeln an. Versuchen Sie, die Muskeln nach innen und oben zu ziehen, als wollten Sie den Urinstrahl oder das Pressen beim Stuhlgang unterbrechen.
**3.** Entspannen Sie sich.
**4.** Atmen sie aus.
**5.** Wiederholen Sie die Übung bis zu dreißigmal.
**6.** Nun versuchen Sie die Muskulatur um Anus, Scheide und den Bereich dazwischen einzeln anzuspannen und wieder zu lösen.

### III. So ist es richtig:

Atmen Sie während der ganzen Übung normal.
Atemübungen sollte man bei dieser Übung nur im Beisein von ausgebildeten Yogalehrern machen.
Diese Übung kann nahezu überall durchgeführt werden. Dies ist eine besonders wichtige Übung für Menschen über vierzig und sollte darum regelmäßig durchgeführt werden.

# Atemübungen

## Tiefatmung (Ujjayi Pranayama)

### I. Wofür die Übung gut ist:

Tiefatmung

- verleiht neue Energie
- reichert das Blut mit Sauerstoff an
- entwickelt Brust und Zwerchfell
- kräftigt Lungen und Brustkorb
- erhöht die Widerstandskraft gegen Erkältungen
- beruhigt das Nervensystem
- fördert die Verdauung
- wirkt gegen Trägheit
- hilft gegen Depressionen

### II. Ausführung:

**1.** Setzen Sie sich bequem in den Schneidersitz oder auf einen Stuhl.
**2.** Setzen Sie sich gerade hin. Dadurch weitet sich der Brustkorb, was die Atmung erleichtert.
**3.** Atmen Sie langsam, tief und bewusst durch die Nase ein.
**4.** Nehmen Sie sich 5 Sekunden Zeit, um die untere Lungenhälfte mit Luft zu füllen, indem Sie die Rippen ausdehnen und den Bauch herausstrecken. **(Abb. 122)**
**5.** Konzentrieren Sie sich die nächsten 5 Sekunden darauf, die obere Lungen-

hälfte mit Luft zu füllen. Dabei dehnt sich die Brust aus und der Bauch wird etwas straffer.

**6.** Halten Sie 1–5 Sekunden lang die Luft an.

**7.** Atmen Sie langsam aus, bis die Lungen vollkommen leer sind. **(Abb. 123)**

Wiederholen Sie die Übung noch vier- bis fünfmal.

## III. So ist es richtig:

Finden Sie einen gleichmäßigen Rhythmus für das Einziehen und Ausdehnen des Bauches, um gleichmäßiger zu atmen.

Versuchen Sie, wenn Sie die Tiefatmung beherrschen, lautlos zu atmen. Sacken Sie beim Sitzen nicht in sich zusammen. Der Oberkörper muss kerzengerade sein, damit man bei dieser Übung die größte Wirkung erzielt. Konzentrieren Sie sich ganz auf die Atmung. Wenn Sie möchten, können Sie die Augen schließen – dies erhöht die Konzentration und dient als Vorbereitung zur Meditation.

Dehnen Sie den Bauch beim Einatmen und ziehen Sie ihn beim Ausatmen ein. Schnaufen Sie noch einmal aus nach dem Ausatmen, um die verbrauchte Restluft aus dem untersten Teil der Lungen zu pressen.

Lernen Sie allmählich, den Atem nach der Einatmung und später auch nach der Ausatmung kurz anzuhalten.

Sauerstoff ist für den Körper ausgesprochen wichtig. Wer regelmäßig Tiefatmung praktiziert, schöpft neue Energie und vertreibt die Müdigkeit. Zudem verbessern Sie Ihren Gesundheitszustand und gewinnen eine positivere Lebenseinstellung.

Abb. 122

Abb. 123

## Wechselseitige Nasenatmung (Bahya Kumbhaka)

### I: Wofür die Übung gut ist:

Die wechselseitige Nasenatmung

- beruhigt die Nerven
- hilft gegen Schlaflosigkeit
- entspannt und erfrischt den Körper
- reinigt das Blut und versorgt die Lungen mit Sauerstoff
- lindert Kopfschmerzen
- fördert die Verdauung und verbessert den Appetit
- hilft bei Angstzuständen und Depressionen

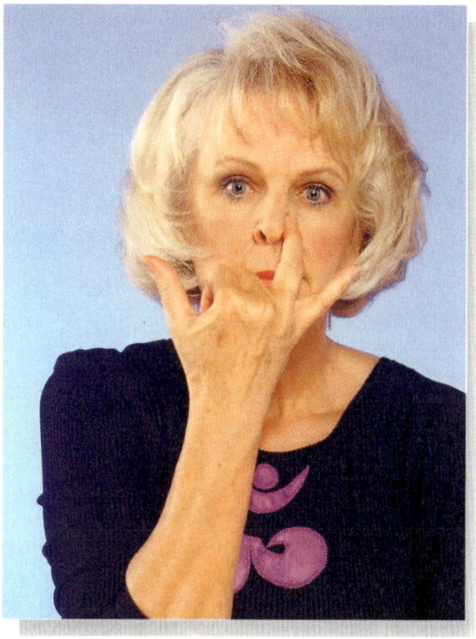

Abb. 124

### II. Ausführung:

**1.** Setzen Sie sich mit geradem Rücken bequem in den Schneidersitz.

**2.** Verschließen Sie mit dem Ringfinger Ihrer rechten Hand das linke Nasenloch. **(Abb. 124)**

**3.** Atmen Sie tief und langsam durch das rechte Nasenloch ein und zählen Sie dabei bis vier.

**4.** Verschließen Sie mit dem Daumen das rechte Nasenloch und halten Sie 1–4 Sekunden lang den Atem an. **(Abb. 125)**

**5.** Öffnen Sie das linke Nasenloch und atmen Sie 4–8 Sekunden lang aus. Je länger Sie ausatmen, desto besser. Achten Sie darauf, dass Sie Ihre Lungen vollständig leeren. **(Abb. 126)**

**6.** Atmen Sie nun durch das linke Nasenloch wieder ein und zählen Sie dabei bis vier.

**7.** Verschließen Sie das Nasenloch wieder mit dem Ringfinger und halten Sie den Atem 1–4 Sekunden lang an. **(Abb. 127)**

**8.** Atmen Sie durch das rechte Nasenloch 4–8 Sekunden lang aus. **(Abb. 128)** Damit ist ein Atemturnus beendet.

**9.** Wiederholen Sie den Atemturnus noch fünfmal oder 10 Minuten lang, wenn Sie unter Schlaflosigkeit leiden.

**10.** Atmen Sie zuerst im Rhythmus vier-vier-acht, erhöhen Sie dann auf acht-vier-acht und schließlich nach einiger Zeit auf acht-acht-acht.

### III. So ist es richtig:

Erzwingen Sie beim Atemanhalten oder beim Steigern des Rhythmus nichts. Gehen Sie es langsam an. Atmen Sie rhythmisch, langsam und gleichmäßig. Versuchen Sie schließlich auch geräuschlos zu atmen.
Machen Sie die wechselseitige Nasenatmung immer dann, wenn Sie sich beruhigen wollen oder wenn Sie nervös, verärgert oder gereizt sind.

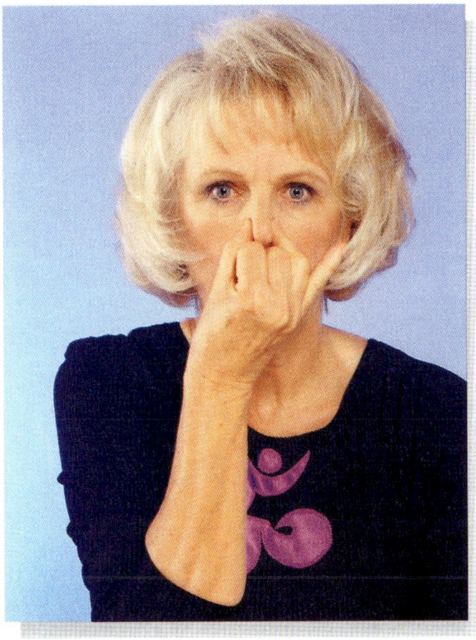

Abb. 125

Abb. 126

Abb. 127

Abb. 128

Ich kann gar nicht genug betonen, wie wichtig diese spezielle Atemübung ist. Körper und Geist stehen in einer permanenten Wechselbeziehung und beeinflussen sich gegenseitig mehr, als es die Medizin früher wahrhaben wollte. Als „Allround"-Beruhigungsmittel ist diese Übung unschlagbar.

## Kühlende Atmung (Sitali Pranayama)

### I. Wofür die Übung gut ist:

Die Kühlende Atmung

- übt eine erfrischende Wirkung auf den Körper aus und wird besonders bei Fieber empfohlen
- reinigt das Blut
- beugt Atemwegserkrankungen vor
- fördert die Verdauung
- reduziert den Appetit

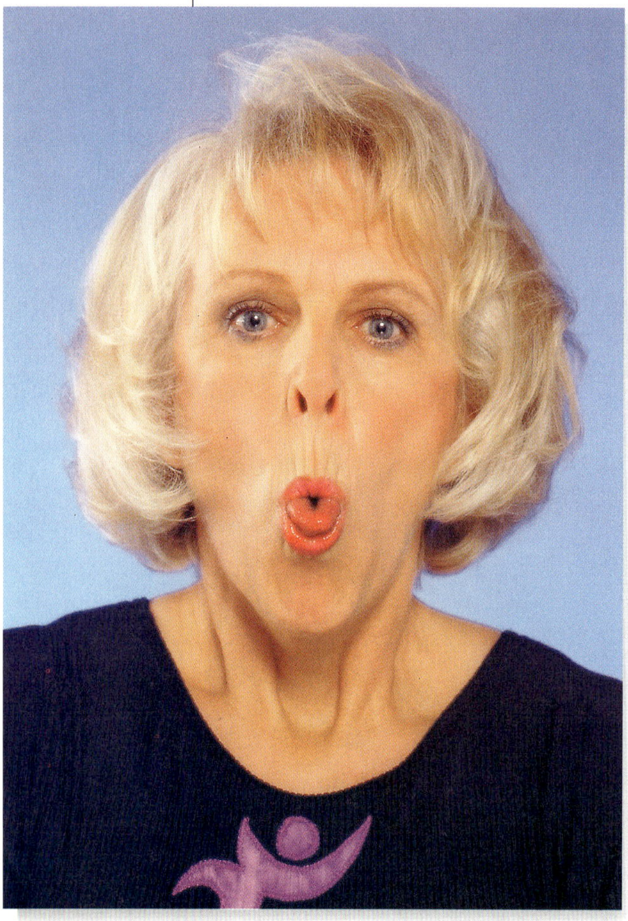

Abb. 129

### II. Ausführung:

**1.** Setzen Sie sich mit geradem Rücken in den Schneidersitz.
**2.** Formen Sie Ihre Zunge zu einer Rinne und lassen Sie sie leicht zwischen den Lippen vorstehen. **(Abb. 129)**
**3.** Ziehen Sie mit einem zischenden Geräusch die Luft durch diese Rinne ein.
**4.** Halten Sie 1–5 Sekunden lang die Luft an.
**5.** Atmen Sie durch die Nase aus.
**6.** Wiederholen Sie die Übung noch fünfmal.

### III. So ist es richtig:

Üben Sie die Kühlende Atmung, solange Sie gesund sind, damit Sie die Übung bei Fieber schon beherrschen.
Atmen Sie nicht kraftvoll ein, sondern langsam und stetig, indem Sie Brustkorb und Bauch ausdehnen.
Die Kühlende Atmung ist übrigens auch bei Kindern zur Fiebersenkung geeignet.
Sie hilft Ihnen dabei, sich das Rauchen abzugewöhnen.
Falls nötig, können Sie Ihre Finger zu Hilfe nehmen, um die Zunge zu einer Rinne zu formen.

# Entspannungsübungen

## Zusammengerolltes Blatt (Stellung des Kindes)

### I. Wofür die Übung gut ist:

Das Zusammengerollte Blatt

- löst Verspannungen und entspannt allgemein
- verleiht neue Energie
- verbessert die Durchblutung des Kopfes, was auch dem Teint zugute kommt
- hilft bei müden Beinen und Krampfadern

### II. Ausführung:

**1.** Knien Sie sich mit geschlossenen Beinen auf den Boden.
**2.** Setzen Sie sich auf die Fersen und stützen Sie die Handrücken neben dem Körper auf den Boden. Die Finger zeigen nach hinten.
**3.** Beugen Sie Ihren Kopf langsam zum Boden hinunter und lassen Sie die Hände mit den Handflächen nach oben nach hinten gleiten, bis beide Arme neben dem Körper liegen.
**4.** Lassen Sie Ihren Kopf auf dem Boden ruhen und entspannen Sie sich mit der Brust auf den Knien liegend. **(Abb. 130)**
**5.** Je länger Sie in dieser Stellung bleiben, desto besser.

### III. So ist es richtig:

Machen Sie diese Übung immer dann, wenn Sie ausspannen oder neue Energie tanken wollen.
Strecken Sie das Gesäß nicht in die Luft, sondern verlagern Sie das ganze Gewicht auf Beine und Fersen.
Es empfiehlt sich, diese Übung sofort nach Rückwärtsbeugungs-Übungen zu machen.
Wenn Sie wollen, können Sie eine gefaltete Decke unterlegen. **(Abb. 131)**
Diese Übung wird auch „Stellung des Kindes" genannt. Vielleicht ist sie gerade deshalb so entspannend, weil man die typische Embryonalhaltung eines ungeborenen Kindes einnimmt. Sie hat einen hohen therapeutischen Wert bei Verspannungen, Müdigkeit und Verkrampfungen.

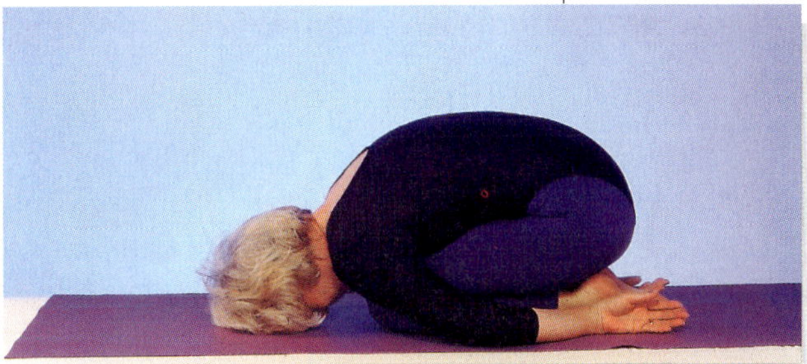

Abb. 130

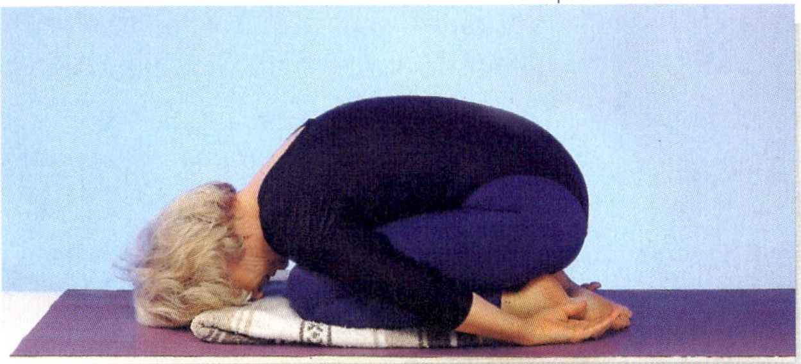

Abb. 131

# Sitzender Held – Entspannung

## I. Wofür die Übung gut ist:

Die Sitzender Held – Entspannung

- wirkt vor allem nach Rückwärtsbeugungen sehr entspannend
- löst Muskelverspannungen
- kräftigt die Knöchel
- dehnt die Oberschenkel
- macht die Kniegelenke beweglicher
- wirkt sich positiv auf Krampfadern aus, wenn sie nicht zu lange gehalten wird
- belebt müde Beine
- löst Verspannungen im ganzen Fuß, vor allem im Fußspann
- kann zur Meditation eingesetzt werden, vor allem auf einer Decke

## II. Ausführung:

**1.** Knien Sie sich mit geradem Rücken und geschlossenen Beinen hin. Die Zehenspitzen zeigen nach hinten, die Füße sind leicht gespreizt. **(Abb. 132)** (Legen Sie eine doppelt gefaltete Decke unter die Schienbeine, wenn Sie steife Fußgelenke oder steife Knöchel haben.) Atmen Sie ein und heben Sie die Hände über den Kopf.

**2.** Atmen Sie aus, beugen Sie sich so weit nach vorn, bis Arme und Stirn den Boden berühren. **(Abb. 133)**

**3.** Bleiben Sie so lange in dieser Stellung bis Sie das Gefühl haben wieder entspannt zu sein.

## III. So ist es richtig:

Machen Sie diese Übung, wann immer Sie schmerzende Muskeln entspannen wollen.

Besonders geeignet ist sie zur Entspannung nach einer Rückwärtsbeugung.

Abb. 132

Abb. 133

## Schwamm

### I. Wofür die Übung gut ist:

Der Schwamm

- bewirkt eine vollkommene Entspannung der Muskeln
- entspannt das ganze Nervensystem
- beruhigt Geist und Seele
- lindert aufgrund seiner entspannenden Wirkung Angstzustände und Nervosität
- verleiht neue Energie

### II. Ausführung:

**1.** Legen Sie sich mit leicht gespreizten Beinen auf den Rücken. Die Arme liegen locker neben dem Körper. **(Abb. 134)**

**2.** Strecken Sie Ihre Zehen nach vorn und bleiben Sie 5 Sekunden lang in dieser Stellung. Entspannen Sie sich.

**3.** Beugen Sie die Knöchel so, dass die Zehen zum Körper hindeuten. Bleiben Sie so. Entspannen.

**4.** Heben Sie die Fersen ein paar Zentimeter vom Boden hoch, strecken Sie die Beine aus und drücken Sie dabei fest die Kniekehlen auf den Boden. So bleiben; entspannen.

**5.** Lassen Sie die Beine gestreckt, drehen Sie die Zehen nach innen und die Fersen nach außen und oben. Stellung halten; entspannen.

**6.** Kneifen Sie die Gesäßbacken fest zusammen. Stellung halten; entspannen.

**7.** Ziehen Sie so weit wie möglich den Bauch nach innen und oben. Stellung halten; entspannen.

**8.** Machen Sie ein Hohlkreuz und strecken Sie die Brust heraus. Stellung halten; entspannen.

**9.** Lassen Sie die Arme ausgestreckt mit den Handflächen nach unten neben dem Körper liegen und biegen Sie die Finger nach hinten Richtung Kopf. Stellung halten; entspannen.

**10.** Beugen Sie die Ellbogen und biegen Sie die Hände vom Handgelenk aus nach außen, Richtung Schultern. Stellung halten; entspannen.

**11.** Ballen Sie Ihre Hände zur Faust, breiten Sie langsam, mit Gegendruck, die Arme seitlich aus und heben Sie sie dann hoch, bis sie sich im rechten Winkel zum Boden befinden. Arme absenken und entspannen.

**12.** Ziehen Sie die Schulterblätter zusammen. Stellung halten; entspannen.

**13.** Ziehen Sie die Schultern bis fast zu den Ohren hoch. Stellung halten; entspannen.

**14.** Ziehen Sie die Mundwinkel herunter. So lassen; entspannen.

**15.** Pressen Sie die Unterseite der Zunge gegen den Gaumen. So lassen; entspannen.

**16.** Spitzen Sie die Lippen, rümpfen Sie die Nase und kneifen Sie die Augen zusammen. So bleiben; entspannen.

**17.** Lächeln Sie mit geschlossenen Lippen und dehnen Sie Ihr Gesicht. So bleiben; entspannen.

**18.** Gähnen Sie ganz langsam, als wollten Sie sich gegen das Öffnen des Mundes wehren.

**19.** Drücken Sie den Hinterkopf fest gegen den Boden. Stellung halten; entspannen.

**20.** Runzeln Sie die Stirn und ziehen Sie die Kopfhaut nach vorn. Stellung halten; entspannen.

**21.** Machen Sie die Augenübungen, indem Sie je 5 Sekunden nach oben, nach links, nach unten und nach rechts blicken.
**22.** Ziehen Sie den Kopf nach hinten in Richtung Schultern ohne dabei den restlichen Körper zu bewegen. Stellung halten und entspannen.
**23.** Entspannen Sie sich. Versinken Sie förmlich im Boden und bleiben Sie 10 Minuten lang so liegen. Stellen Sie sich dabei vor, Sie wären gerade in einer wunderschönen Landschaft. Genießen den Wind, die Sonne, den Duft und das Vogelgezwitscher.

## III. So ist es richtig:

Halten Sie jede Stellung mindestens 5 Sekunden lang.
Entspannen Sie sich nach jeder Stellung, indem Sie sich wieder in die Ausgangsstellung zurückgleiten lassen. Verbannen Sie nach Beendigung des Schwammes während der Entspannungsphase alle negativen Gedanken aus Ihrem Kopf. Versuchen Sie, an gar nichts zu denken oder nur an erfreuliche Dinge. Lassen Sie diese Gedanken an sich vorbeiziehen, sehen Sie ihnen nach und bleiben Sie ganz ruhig und unbeteiligt. Im Sanskrit wird der Schwamm „Toter Mann“ genannt. Es ist eine Stellung der vollkommenen Entspannung für den gesamten Körper. Wir nehmen uns nur noch selten Zeit uns einfach zu entspannen. Wir lesen, schauen fern oder schlafen. Aber auch wenn wir uns hinlegen, bedeutet dies noch lange nicht, dass sich die tief sitzenden neuro-muskulären Verspannungen lösen. Unser Körper muss erst wieder lernen, wie er dies bewerkstelligen kann. Wenn Sie diese ausgewogene Übung einige Wochen lang regelmäßig gemacht haben, werden Sie feststellen, dass Sie sich bereits entspannen können ohne alle genannten Phasen durchlaufen zu müssen.

Abb. 134

# Spezielle Übungsprogramme

Die Yogaübungen dieses Buches sind prinzipiell für jeden geeignet, obwohl die Ausführung unterschiedliche Anforderungen stellt. Um Ihnen den Einstieg zu erleichtern, werden in der folgenden Tabelle Übungen vergleichbarer Schwierigkeitsgrade zu einem abgerundeten, täglichen Übungsprogramm zusammengefasst. Die drei Programme sind auf unterschiedliche Trainingszustände zugeschnitten.

Beginnen Sie mit dem Programm, das Ihrem derzeitigen Trainingszustand am ehesten entspricht und gehen Sie mit der Zeit zum nächst schwierigeren über.

Führen Sie alle Übungen des Programms durch, aber konzentrieren Sie sich auf die, die Ihnen die größte Mühe bereiten. Die allgemeinen Hinweise zur Ausführung der Yogaübungen gelten aber in jedem Fall.

**Übungsprogramme in verschiedenen Schwierigkeitsstufen**

| | **Anfänger** | **Fortgeschrittene** | **Durchtrainierte** |
|---|---|---|---|
| 1. Aufwärmübung | Rock 'n' Roll | Katzenstreckung | Brustexpander |
| 2. Übung im Stehen | Berg | Hand-an-die-Wand-Übung | Dreieck |
| 3. Gleichgewichtsübung | Baum | Arm- und Beinstreckung | Balancestreckung auf dem Boden |
| 4. Umgekehrte Übung | Pflug | Kerze (Vorübung) | Kopfstand |
| 5. Rückwärtsbeugung | Rückwärtsbogen | Kobra | Heuschrecke |
| 6. Vorwärtsbeugung | Leichte Vorwärts-Rumpfbeuge | Pendel | Gespreizte Beinstreckung im Stehen |
| 7. Eindrehübung | Einfache Twists | Beinstreckung im Stehen | Beinüberschlag |
| 8. Leichte Übung | Blume | Nacken- und Augenrollen | Löwe, Haltungsgriff |
| 9. Übung im Sitzen | Sitz des Weisen | Kopf-zum-Knie-Streckung | Knie- und Schenkelstreckung |
| 10. Atemübung | Tiefatmung | Kühlende Atmung | Wechselseitige Nasenatmung |

# Übungen gegen spezielle Beschwerden

### 1. Anämie
Kerze, Leichte Vorwärts-Rumpfbeuge, Schwamm, Tiefatmung

### 2. Arthritis
Katzenstreckung, Kerze (mit vierfach gefalteter Decke unter den Schultern), Pflug (mit Decke), Kobra Variation (auf den Unterarmen), Baucheinzieher, Pendel, Twist (auf einem Stuhl), Leichte Vorwärts-Rumpfbeuge, Tiefatmung, Zusammengerolltes Blatt (mit Decke unter den Schienbeinen)

### 3. Asthma
Fisch, Kerze, Berg, Heuschrecke, Kopf-zum-Knie-Streckung, Leichte Vorwärts-Rumpfbeuge, Kobra

### 4. Atembeschwerden
Leichte Vorwärts-Rumpfbeuge, Pflug, Kerze, Berg, alle Atemübungen, Schwamm

### 5. Bandscheibenbeschwerden
Katzenstreckung, Leichte Vorwärts-Rumpfbeuge, Heuschrecke, alle stehenden Stellungen, Kobra, Fisch

### 6. Diabetes
Kerze, Twist, Kopf-zum-Knie-Streckung, Pflug, Fisch, Berg, Heuschrecke, Leichte Vorwärts-Rumpfbeuge

### 7. Durchblutungsstörungen
Kerze, Kopfstand (Vorübung), Pflug, Brustexpander, Kobra, Zusammengerolltes Blatt, Pendel, Berg, Baum

### 8. Erkältungen
Kerze, Leichte Vorwärts-Rumpfbeuge, Tiefatmung

### 9. Falten
Löwe, Kerze, Kopfstand (Vorübung), Augenübungen, Leichte Vorwärts-Rumpfbeugen, Rückwärtsbogen, Haltungsgriff, Pendel

### 10. Fettleibigkeit (Gewichtskontrolle)
Pflug, Dreieck, Kobra, Leichte Vorwärts-Rumpfbeuge, Heuschrecke, Twist, Kerze

### 11. Gallenbeschwerden
Dreieck, Leichte Vorwärts-Rumpfbeuge, Kerze, Kopf-zum-Knie-Streckung, Twist, Heuschrecke

### 12. Gelenk- und Rückenschmerzen
Dreieck, Berg, Zusammengerolltes Blatt, Twist, Leichte Vorwärts-Rumpfbeuge, Kerze, Kobra, Heuschrecke

### 13. Hämorrhoiden
Fisch, Pflug, Kerze, Beinüberschlag, Heuschrecke

### 14. Harnträufeln
Kerze, Sitzender Held, Fisch, Knie- und Schenkelstreckung, Baucheinzieher, Aswini Mudra, Kopfstand (Vorübung)

### 15. Herzbeschwerden
Alle Atemübungen, die Tiefatmung und die Wechselseitige Nasenatmung (ohne dabei den Atem anzuhalten), Schwamm

### 16. Herzklopfen
Kerze, Pflug, Leichte Vorwärts-Rumpfbeuge, Sitzender Held, Tiefatmung, Wechselseitige Nasenatmung, Schwamm

### 17. Hexenschuss
Pflug, Heuschrecke, Kobra, Schwamm

### 18. Hoher Blutdruck
Pflug, Kopf-zum-Knie-Streckung, Leichte Vorwärts-Rumpfbeuge, Wechselseitige Nasenatmung, Schwamm

### 19. Impotenz
Knie und Schenkelstreckung, Twists, Einfache Vorwärts-Rumpfbeuge, Hundestreckung, Baucheinzieher, Kerze, Kopfstand (Vorübung)

### 20. Ischias
Beinüberschlag, Kopf-zum-Knie-Streckung, Leichte Vorwärts-Rumpfbeuge, Kerze, Knie- und Schenkelstreckung, Heuschrecke, Kobra, Gespreizte Beinstreckung im Stehen

### 21. Kopfschmerzen
Kopfstand (Vorübung), Kerze, Pflug, Leichte Vorwärts-Rumpfbeuge, Wechselseitige Nasenatmung (ohne dabei den Atem anzuhalten), Augenrollen, Nackenrollen

### 22. Krampfadern
Kerze, Sitzender Held, Zusammengerolltes Blatt

### 23. Menstruationsbeschwerden
Leichte Vorwärts-Rumpfbeuge, Berg, Fisch, Sitzender Held, Knie- und Schenkelstreckung, Kerze, Kobra.

### 24. Müdigkeitserscheinungen
Kerze, Kopfstand, Pflug, Brustexpander, Leichte Vorwärts-Rumpfbeuge, Twist, Zusammengerolltes Blatt, Wechselseitige Nasenatmung (ohne dabei den Atem anzuhalten), Tiefatmung, Knöchelbeuge

### 25. Nervosität
Leichte Vorwärts-Rumpfbeugen, Kerze, Kopfstand (Vorübung), Wechselseitige Nasenatmung (ohne Atemanhaltung), Kobra, Twist, Schwamm, Meditation

### 26. Nierenschmerzen
Kerze, alle stehenden Stellungen, Heuschrecke, Bogen, Kopf-zum-Knie-Stellung, Leichte Vorwärts-Rumpfbeuge, Knie- und Schenkelstreckung, Gespreizte Beinsteckung, Beinüberschlag, Twist, Pflug

### 27. Osteoporose
Ein generelles Yoga-Programm der leichteren Übungen oder ihren Variationen

### 28. Plattfüße
Kerze, Sitzender Held, Knie- und Schenkelstreckung

### 29. Prostatabeschwerden
Beinüberschlag, Leichte Vorwärts-Rumpfbeuge, Heuschrecke, Kopf-zum-Knie-Streckung, Sitzender und Liegender Held, Knie- und Schenkelstreckung, Aswini Mudra, Rückwärtsbogen

### 30. Rheuma
Twist, Leichte Vorwärts-Rumpfbeuge, Pflug, Berg, Heuschrecke, Kopf-zum-Knie-Streckung, Kerze

### 31. Rheumatische Beschwerden (Schultern)
Pendel, Brustexpander, Haltungsgriff

### 32. Vergesslichkeit
Kerze, Kopfstand (Vorübung), Leichte Vorwärts-Rumpfbeugen, Augenübungen, Wechselseitige Nasenatmung

### 33. Wechseljahresbeschwerden
Kobra, Twist, Leichte Vorwärts-Rumpfbeugen, Baucheinzieher, Aswini Mudra, Kerze, Schwamm

Zum gleichen Thema sind im FALKEN Verlag bereits erschienen:
Yoga für jeden (1277)
Yoga für den Rücken (60117)
Yoga (60093)

Beachten Sie bitte die ebenfalls über den Buchhandel erhältlichen Videos
„Yoga über 40" (Nr. 6253, ca. 60 Min. Laufzeit, in Farbe, VHS)
„Yoga 1–3" (Nr. 6171, jeweils ca. 60 Min. Laufzeit, in Farbe, VHS).

Der Text dieses Buches entspricht den Regeln der neuen deutschen Rechtschreibung.

Dieses Buch wurde auf chlorfrei gebleichtem und säurefreiem Papier gedruckt.

*Danksagung*
*Ich möchte zwei ausgezeichneten Yogalehrerinnen für Ihre Hilfe und den fachmännischen Rat bei der Entstehung dieses Buches ganz herzlich danken: Meiner Cousine Maria Kruse, die seit über 22 Jahren Yoga in Deutschland unterrichtet und Jutta Wiedemann, die seit über 30 Jahren in Kanada Yoga lehrt.*
*Ich danke ferner den Fotomodellen Jutta Wiedemann und Ian Samson.*

ISBN 3 8068 1930 0



**Umschlaggestaltung:** Elisabeth Berthauer
**Layout:** Hartmut Steinebrunner, Frankfurt/M.
**Redaktion:** Elke Müller/Herbert Habicht
**Übersetzung:** Kirsten Nutto
**Herstellung:** Harald Kraft
**Titelbild und Foto Umschlagrückseite:** Dave Dolsen, Vancouver, Kanada
**Fotos: Bildagentur Huber,** Garmisch-Partenkirchen: S. 1, 4; 5, 21 (Radelt); 16 (R. Schmid); 111 (M. Mehlig); **IFA-Bilderteam,** München: S. 108 (Procopio); **Silvestris Fotoservice,** Kastl/Obb.: S. 2 (Kehrer); 8 (Josef Beck); **alle anderen Fotos:** Dave Dolsen, Vancouver, Kanada



**Satz und Lithografie:** Grunewald Satz & -Repro GmbH, Kassel
**Druck:** Ludwig Auer GmbH, Donauwörth

817 2635 4453 6271